PIERRE DE BOUCHAUD

Benvenuto Cellini

PRIX : 2 FRANCS

PARIS

ALPHONSE LEMERRE, ÉDITEUR

23-31, PASSAGE CHOISEUL, 23-31

M DCCCCIII

Benvenuto Cellini

Conférence prononcée en Sorbonne

le 2 Mai 1903.

(Société d'Etudes italiennes).

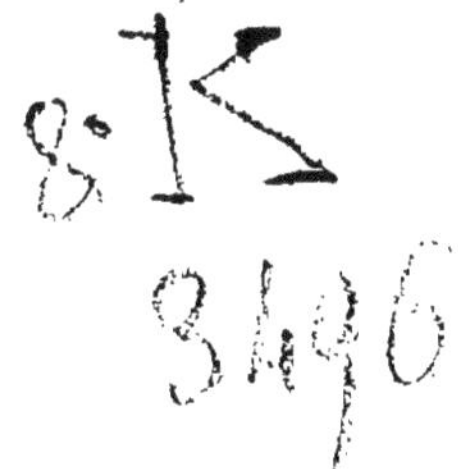

DU MÊME AUTEUR

(Chez Lemerre, éditeur)

(Chez Bouillon, éditeur)

———

Tous droits de reproduction et de traduction réservés pour tous les pays, y compris la Suède et la Norvège.

PIERRE DE BOUCHAUD

Benvenuto Cellini

PRIX : 2 FRANCS

PARIS

ALPHONSE LEMERRE, ÉDITEUR

23-31, PASSAGE CHOISEUL, 23-31

M DCCCCIII

Benvenuto Cellini

I. — CELLINI ÉCRIVAIN.

L est impossible de s'occuper de Benvenuto Cellini sans le suivre, pour ainsi dire, pas à pas dans sa vie, grâce aux précieux *Mémoires* qu'il nous a laissés. Ces *Mémoires* sont d'un singulier intérêt. Ils touchent à toutes les questions. S'ils ne nous renseignent pas sur la totalité des productions de leur auteur, ils nous en indiquent tout au moins les plus importantes et nous renseignent en même temps sur les Grands de la terre, princes, rois, empereurs, papes, cardinaux ou évêques, auxquels elles étaient destinées. Et quand on réfléchit que Benvenuto, de 1523 à 1571, a vu les pontificats de huit papes : Adrien VI, Clément VII, Paul III, Jules III, Marcel II, Paul IV, Pie IV et Pie V; pris contact avec Charles-Quint et vu les luttes de Philippe II d'Espagne pour ou contre la papauté; vécu à la cour de François Ier, et regretté de ne pas vivre à celle de Henri II qui lui fit faire des avances pour le rappeler à Paris; quand on songe que ce Florentin a subi dans sa patrie la domination successive d'Alexandre de Médicis, premier duc de Florence (1531-1537), de Cosme Ier (1537-1574), et qu'il fut remarqué par le fils de Cosme, François Ier, grand-duc de Toscane, l'amant de Bianca Cappello; quand on se remémore enfin tous les seigneurs illustres qui le protégèrent ou l'employèrent : du cardinal de Ferrare au duc de Mantoue, du cardinal d'Este à l'évêque de Salamanque, des célèbres Chigi aux riches Altoviti, on comprendra, je pense, l'intérêt presque historique d'une telle vie et combien l'artiste que nous mettons en scène mérite, à juste titre, qu'on s'arrête à son œuvre et qu'on en étudie les points les plus saillants.

Si l'on me demandait à laquelle des créations de Benvenuto Cellini je donne la préférence : *Persée, buste d'Altoviti* que Michel-Ange admirait, *salière de François Ier*, ou quelques-unes de ces médailles qui le firent juger comme le meilleur orfèvre du monde, je n'hésiterais pas à répondre que l'œuvre la plus vivante, la plus géniale, la plus durable, sinon la plus belle, est *la Vita*, qu'il dicta en partie à Michelino Vestri della Pieve pendant qu'il travaillait et qu'il écrivit en partie de sa propre main. Ah ! si Benvenuto pouvait soulever la pierre tombale de l'*Annunziata*, la divine église florentine où il repose, non loin de son rival et confrère détesté Baccio Bandinelli, je suis convaincu qu'il marquerait sa préférence pour cette *Vie* que nous allons étudier et qui, avec le *Persée*, est sans contredit le monument d'art le plus étonnant qu'il nous ait laissé. Et cette préférence serait fort légitime, car personne au monde n'aurait parlé avec une égale chaleur et un tel enthousiasme de ses propres travaux, personne n'aurait trouvé, pour les louer, des formules aussi naïvement admiratives, personne, en un mot, en laissant de l'art de son temps, en retraçant de ses amis et de ses ennemis une peinture aussi vive et aussi passionnée, n'aurait contribué avec plus de bonheur à la propre réputation et à la gloire de Cellini que Cellini lui-même.

Et cela est tout naturel. Un autobiographe se fait son propre avocat. Et si cet avocat se met à écrire, s'il écrit sous la dictée de la passion, et, en quelque sorte, sous l'empire de l'impression vive et frémissante, nous trouvons dans ces lignes mêmes le plus éloquent plaidoyer en sa faveur. L'exaltation de la personnalité, les faits auxquels elle se trouve mêlée, la dénigration systématique de tout ce qui entrave le développement du moi, le naturel de la dictée : tout cela n'est-il pas propre à donner un portrait idéal de l'artiste ? Cellini a fait passer dans son style son exubérance, son caractère, sa hardiesse, sa vivacité, son amour du Beau, et parfois même l'apologie de ses assassinats. Sa vie curieuse et remuante prend dans ses *Mémoires* un singulier relief. Et je crois fort que la raison première de la grande réputation de Benvenuto provient de cette éloquence entraînante, de cette auto-apologie qui coule, comme à torrents, tout au long de son manuscrit. D'autres artistes, ses contemporains, le valurent sans doute, mais parce qu'ils ne surent pas, comme Cellini, s'édifier un monument d'éloges, ils resteront à jamais dans l'oubli.

L'autobiographie a un défaut et en même temps un avantage. Elle restreint, d'un côté, le champ de l'observation et la perspective historique du récit; mais, de l'autre, elle seconde à la perfection le protagoniste dans l'œuvre de sa propre exaltation. Elle le met toujours en scène. Elle fait de lui le centre de l'action, le soleil d'où partent les rayons qui éclairent les comparses, le héros dont la tête géniale a seule enfanté tout ce qui, au cours des pages, est beau, est important, est grand. Le sac de Rome, l'assaut du château Saint-Ange ne servent, dans les *Mémoires* de Cellini, qu'à mettre en valeur sa vaillance de bombardier, d'artilleur, d'arquebusier. S'il n'eût pas déployé tant d'habileté ni d'adresse, le connétable Charles de Bourbon ne serait pas mort sous les murs de Rome, ni le prince d'Orange gravement blessé. Mais, par malheur, les coups de mousquets, si adroits fussent-ils, de Benvenuto, ne surent empêcher le même prince d'Orange de prendre part, moins de trois ans plus tard, au siège de Florence, et ses coups de canon, bien qu'habilement pointés, ne purent détourner le sac de Rome. Et pourtant la lecture des *Mémoires* nous donne l'impression que, toujours et partout, dans les entreprises les plus héroïques, dans les rixes, au milieu des turpitudes les plus viles comme dans les plus méchants tours, Benvenuto est dans son droit et a raison de se conduire comme il le fait. Et nous arrivons, sans le vouloir, à nous réjouir, en quelque sorte, de ses facéties, à désirer qu'il se sauve des mains de ses ennemis, qu'il les batte, qu'il en triomphe glorieusement. Nous nous mettons à détester ses propres rivaux;

nous désirons avec ardeur qu'ils soient battus, brûlés, pulvérisés. Il n'y a plus que lui. Lui seul est le héros, le champion, l'artiste devant lequel rois et papes doivent s'incliner comme devant le premier des hommes, le plus grand des mortels.

Or, on n'atteint pas de pareils effets sans être parvenu au *summum* de l'art. Qu'on y réfléchisse : une pareille éloquence est bien dangereuse. Elle ressemble à celle de l'avocat qui laisse déborder son enthousiasme et son admiration sur le criminel qu'il est chargé de défendre. Mais ne nous plaignons pas, pourtant, de nous faire les complices de Benvenuto. Laissons-nous aller à notre inclination sympathique et demandons-nous plutôt par quel mystère, par quelle étrange fascination, les *Mémoires* s'imposent encore, s'imposeront toujours à l'intérêt passionné des artistes. A vrai dire, les raisons ne manquent pas. C'est tout d'abord le style, la verve même de l'écrivain. L'autobiographie, dictée sans fard et sans tendance au métier d'écrivain, ressemble à une conversation dans laquelle l'un des personnages du dialogue parle, gesticule, commente, tandis que l'autre, l'auditeur bénévole, écoute sans objection, donne son assentiment sans réserve aucune. L'avocat, ici, n'élève pas de contestation avec la partie adverse. Aussi la défense ne présente-t-elle aucune difficulté. Et cette plaidoirie passionnée, débordante de conviction, assaisonnée de saillies nombreuses, réduit l'adversaire à néant, et par son argutie facile et serrée met tous les rieurs de son côté. Une telle défense ressemble à une simple confession, confession qui paraît si pleine de franchise et d'apparente sincérité, qu'on se sent disposé à en croire aveuglément les moindres particularités.

Si nous avions en main, pour éclairer toute la vie de Cellini, des documents comme ceux se rapportant à certaines années de son existence, précieuses pièces qu'on a pu découvrir çà et là, et qui comblent les lacunes ou les réticences volontaires de l'auteur, il serait possible, dès lors, de procéder avec lui à un débat contradictoire et d'écouter les réponses de ses rivaux, de ses adversaires, de ses ennemis. Au lieu de cela, nous n'entendons, le plus souvent, qu'une seule voix, la voix chaude et insinuante de l'artiste qui colore les choses et les faits grâce à son merveilleux talent, vitupère sans arrêt contre ses semblables et s'exalte sans arrêt aussi. Il parle et voici défiler devant nous, avec une netteté de dessin et de peinture, des physionomies, des scènes, des faits. Et nous, frappés alors par l'évidence de l'apparition, ou mieux, du spectacle, nous considérons les physionomies, les scènes, les faits uniquement comme ils s'offrent à nous, et de la seule façon dont l'auteur à bien voulu nous les présenter.

Une autre raison du succès des *Mémoires* de Cellini, c'est leur naturel. On entend à travers les pages résonner la voix de l'auteur qu'accompagnent sa mimique hardie et ses gestes pleins de vivacité. Oui, en vérité, on l'entend prononcer ses paroles ardentes ou onctueuses, atténuer certaines expressions, en dissimuler certaines autres. Nous comprenons le bien fondé de ses colères, de ses haines et de ses mépris. Nous frémissons à ses passions. Nous nous laissons charmer par ses insinuations. Dans ses *Mémoires* Cellini ne saurait apparaître comme un écrivain, comme un prosateur. Par écrivain, nous entendons celui qui fait de l'art réfléchi, qui mesure les périodes avec les règles de la syntaxe et du style. Or, quand il s'agit de Cellini, toute tentative pour changer ses phrases en périodes régulières et normales aboutirait à méconnaître l'essence et le caractère de ces pages qui ne sont pas de la prose, mais bien un discours dicté et jeté tel quel sur le papier, à la manière d'un phonographe ayant surpris l'improvisation du narrateur. Benvenuto, on l'a dit, et il convient de le répéter, conte sa vie comme quelque grande dame florentine une *nouvelle*. La *Vita* appartient plus au folk-lore qu'à la littérature. Elle a tout le naturel, elle exerce toute la fascination, elle atteint toute la persuasion émouvante, toute l'éloquence passionnée du discours vivant, de la parole. Mais ici le novellier est un artiste. Il éclaire sa parole d'images imprévues, et quand il décrit les choses, il les pare, comme il les voit, du voile de la fantaisie. Ainsi, dans un passage de son livre, il parle des *grotesques*. Avec quel amour, avec quelle légèreté, avec quelle finesse d'expression ne décrit-il pas les délicats ornements, les subtiles volutes, les beaux feuillages, les arabesques du dessin ! Sa parole se fait alors aiguë comme le ciseau, incisive et mordante comme une lame. On sent passer l'amour vif et tendre de l'artiste pour ces mêmes décorations et que l'auteur, à les décrire, a dû prendre le même plaisir qu'à les travailler.

Au contraire, quand il parle de ses ennemis ou simplement de ses adversaires, quelle fureur, quelle amertume ! Primatice n'est qu'un artiste à captieuses paroles qui lui en veut à cause de son talent et ne pense qu'à le perdre auprès de François Ier : « *Questo italiano molto temerariamente si sia portato in verso di lui.* » Baccio Bandinelli n'est qu'un fat, plein d'ignorance : (*con la sua solita prosuntione vestita d'ignorantia*). Cet artiste, qu'il avait rencontré à Rome vers 1529, quand il le retrouve plus tard, à Florence, sur son chemin, assez bien en cour auprès de Cosme Ier de Médicis, il n'est pas d'injures qu'il ne lui adresse ; il n'est pas de diffamantes attaques qu'il ne dirige contre ce *Buaccio*, ce méchant, ce *composto tutto di male*, coupable de nuire à sa gloire et de lui enlever la commande de la statue de Neptune pour la place de la Seigneurie. Quant à Bernardo Baldini, joaillier de valeur, mais qui a osé prétendre que Cellini est vif et emporté, il devient subitement un fripon (*ribaldone*), un âne, un porc, un espion, un voleur, un entremetteur (*asin, porcaccio, spia, ladro, sensale*).

Fénelon affirme que la peinture vivante des choses est l'âme de l'éloquence. En vérité, personne ne saurait refuser cette qualité à Cellini, car il est à la fois un narrateur plein de chaleur et de persuasion et un illustrateur des événements et des hommes qu'il passe en revue.

On a remarqué avec raison que les *Mémoires* sont, par eux-mêmes, un livre illustré qui n'a besoin ni de vignettes ni de gravures. La seule parole de l'auteur suffit à représenter les personnages, leurs gestes, leurs actions, leurs vêtements, leur langage et jusqu'à leur son de voix. Le lecteur assiste à une représentation animée qui ne demande point l'éclaircissement et la scholie des peintures

et des portraits. C'est que Benvenuto possède
toutes les qualités des artistes de l'antique comédie
italienne. Il en a la fougue, il en a la mimique
toute méridionale, et il possède aussi tous les
secrets de l'art qui faisait du conteur un acteur,
dans le genre de ces merveilleux charlatans de glorieuse mémoire. Auteur, artiste et acteur, il sait
en outre se faire son propre apologiste, l'excusateur
de ses fautes, le glorificateur et l'animateur de ses
entreprises, le vantard, ou, si le mot est trop gros,
le prôneur de ses bravoures personnelles. Il y a
en lui du capitaine Fracasse et de l'Arétin. Mais
il est surtout et avant tout, l'homme de la Renaissance, en lutte ouverte contre toute chose. Pour
un personnage de cette catégorie, la vie, l'art, la
gloire ne sont qu'une œuvre personnelle, qu'une
grande et laborieuse conquête. La fortune et la
réputation : quels dieux superbes ! D'ailleurs l'humanité aimera toujours la vigueur de l'esprit, la
transcendance du génie, la grandeur de l'œuvre,
la passion et la vie, tout ce qui, à distance des
siècles, fait encore frémir le cœur, personnifie un
être vibrant, triomphe, en un mot, du temps et
de la mort. Et c'est pourquoi Benvenuto Cellini
demeurera vivant parmi nous, et pourquoi, en
nous occupant de son œuvre, nous nous aiderons
constamment de sa précieuse autobiographie.

II. — JEUNESSE DE CELLINI.

1500   Il naquit à Florence d'une famille modeste, mais qu'il exalte avec une singulière richesse d'expression. Sa biographie débute par une histoire merveilleuse sur l'origine des siens, un rêve pur enfanté par sa vanité[1]. « Jules César, « prétend-il, avait à son service un valeureux capi- « taine nommé Fiorino da Cellino, du nom d'un « château qu'il possédait à quatre milles de Fias- « cone. Ce Fiorino ayant, pour la commodité de « son armée, établi son camp près de l'Arno, « au-dessous de Fiesole, à l'endroit où est aujour- « d'hui Florence, les soldats et les visiteurs du « camp se disaient les uns les autres : « Allons à « Fiorenza ». C'est ainsi qu'ils appelaient leur « campement, partie à cause du nom de leur « commandant Fiorino, partie à cause des fleurs « qui abondaient dans la localité. César, trouvant « le nom superbe et les fleurs d'un bon augure, « voulant d'ailleurs faire honneur à un vaillant « capitaine qu'il avait tiré d'une condition infé- « rieure et auquel il était très attaché, donna le « nom de *Florence* à la ville qu'il établit sur cet em- « placement. » Depuis cette époque jusqu'à la nais-

1. Cf. *Vita di Benvenuto Cellini*, texte critique avec des notes et une remarquable introduction d'Orazzio Bacci. Florence, Sansoni, éditeur, 1901.

sance de notre héros, on trouve à Ravenne, à Pise, dans d'autres cités encore, nombre d'hommes de valeur, tous Cellini de nom, tous guerriers, tous vaillants, ce qui peut expliquer la passion de notre artiste pour la dague et l'épée. Et peut-être son grand-père Andrea, un architecte, son père Giovanni, tout à la fois architecte, ingénieur, tourneur en ivoire et facteur d'instruments de musique, lui ont-ils transmis aussi leur talent pour les arts.

A sa naissance, son père, très âgé, fut tellement transporté de joie qu'il lui donna le nom de Benvenuto, Bienvenu, et comme il avait un goût très prononcé pour la musique, résolut de faire de son fils un musicien. Mais la nature avait doué l'enfant d'une telle aversion pour la musique et d'une telle passion pour l'orfèvrerie, que Giovanni dut consentir à ce qu'il entrât dans l'atelier de Michel-Ange Bandinelli di Viviano qui était alors le premier orfèvre de Florence et le père de Baccio Bandinelli avec lequel Benvenuto devait avoir plus tard de si étranges démêlés. Incapable cependant de résister à son désir de faire de son fils un musicien, Giovanni reprend Benvenuto et le force à étudier la flûte et le cornet jusqu'à l'âge de quinze ans. A cette époque, il devint l'apprenti d'Antonio di Sandro surnommé Marcone « bon « praticien, dit Benvenuto, fort homme de bien,

« noble et franc dans toutes ses actions *(un bonissimo praticone et molto huomo dabene, altiero et libero in ogni cosa sua)* ». Il y était depuis quelques mois à peine et fort appliqué à son métier quand il fut impliqué dans une querelle assez grave pour être obligé de s'enfuir, afin d'éviter la prison. Il se réfugia donc à Sienne où il se perfectionna dans son art, auprès de Maestro Francesco Castoro. A la prière de son père Giovanni, le futur Clément VII, alors cardinal Jules de Médicis, obtint le rappel du coupable à Florence. Après un court séjour à Bologne, chez un miniaturiste du nom de Scipione Cavaletti, qui devait travailler quelques années plus tard à l'ornementation de l'admirable église Saint Pétrone, il rentra définitivement dans sa patrie et reprit ses études. Mais, peu de temps

1517 après, vers 1517, irrité de ce qu'on avait donné ses meilleurs vêtements à son frère Cecchino, qui venait de s'enrôler comme soldat de Jean de Médicis, le célèbre et terrible Jean des Bandes Noires, Benvenuto sortit de Florence et s'en fut à Pise où il travailla pendant un an chez un orfèvre. de talent nommé Ulivieri, et passa ses loisirs à étudier les Antiques réunis au Campo Santo. Il exécuta quelques belles pièces d'orfèvrerie qui ne firent qu'enflammer davantage son zèle pour le métier de son choix.

De retour à Florence, en 1518, il rencontra le 1518
sculpteur Torrigiani qui, après avoir fait son
apprentissage à l'école de Bartoldo, se trouvait
alors en Angleterre. Il voulut emmener Cellini
avec lui, pour l'aider à exécuter le tombeau du
roi Henri VII. Mais, Benvenuto, bien que désireux
de fuir les persécutions musicales de son père;
outré de l'insolence de Torrigiani à l'endroit
de Michel-Ange qu'il avait autrefois cruelle-
ment molesté et pour lequel le jeune artiste pro-
fessait, au contraire, une admiration sans borne;
ne se souciant pas, d'ailleurs, d'accompagner à
l'étranger un personnage aussi plein d'orgueil et
prompt à la colère [1], refusa de le suivre. Après
avoir terminé un fermoir de ceinture d'homme,
en argent ciselé, orné de feuillages, de masques et
d'enfants, il partit à pied pour Rome, en compagnie d'un jeune ciseleur sur bois, nommé Tasso.
Ce dernier étant devenu boiteux en route, ils
achetèrent un cheval à Sienne et la bourse plate,
mais le cœur en joie, *sempre cantando e ridendo*, ils
cheminèrent jusqu'aux portes de la cité éternelle.
La vie de Cellini peut, dès lors, se diviser en trois

1. Vasari confirme ce fait : « Era di natura tanto superbo
e colloroso oltre all'essere di persona robusta d'animo fiero
e coraggioso che tutti gli altri bene spesso soperchiava di
fatti e di parole.

époques : la première comprend une période de vingt-deux ans passés surtout à Rome, au service des papes Clément VII et Paul III ; la seconde, cinq années employées à Paris, au service de François Ier ; enfin, la troisième embrasse un espace de vingt-sept ans pendant lesquels il travaille à Florence pour Cosme de Médicis.

III. — 1519-1540. — PÉRIODE PRINCIPALEMENT REMPLIE PAR LES SÉJOURS A ROME.

C'est ici le moment de dire quelques mots du métier d'orfèvre. Benvenuto, s'il fut un habile sculpteur, comme en témoignent le *Persée* et la *Nymphe* de Fontainebleau que nous étudierons à leur heure, Benvenuto fut peut-être encore un meilleur orfèvre. Au seul souvenir de son nom, apparaissent à nos regards des coupes enrichies de gemmes, d'une telle splendeur d'art que la matière première disparaît, en quelque sorte, devant l'habileté du technicien ; des salières comme celles de François Ier auxquelles seules peuvent prétendre les tables royales ; des agrafes et des casques d'une étrange beauté.

L'orfèvrerie, envisagée à son véritable point de vue, embrasse toutes les branches du dessin et exige une connaissance approfondie de chacune d'elles : car, en modelant des autels, des reliquaires et des coffrets, l'orfèvre est architecte ; en ciselant les ornements, il est sculpteur ; en colorant les émaux, il devient peintre. L'exercice de chacun de ces arts lui permettait, s'il quittait son atelier, ce qui arrivait fréquemment, de s'adonner avec un égal succès à l'une ou à l'autre des branches du dessin. Brunelleschi, Luca della Robbia, Ghiberti, Verrocchio, Pollajuolo et bien d'autres, exercèrent d'abord le métier d'orfèvre et c'est à cette première éducation artistique qu'ils durent leur habileté téchnique et leur étonnante délicatesse d'exécution. Qu'on se rappelle la phrase de Vasari : « En ce temps-là, celui-là n'était pas considéré comme bon orfèvre, qui n'était pas bon dessinateur et qui ne savait pas bien travailler en relief (*non era tenuto buono orefice che non era buon disegnatore, e che non lavorasse bene di rilievo*) ». Ce n'est pas sans raison qu'on a voulu voir un lien étroit entre les grandes cathédrales, l'architecture et l'orfèvrerie, et rien de plus juste, selon moi, que la châsse antique considérée comme une basilique renfermée dans une autre. N'oublions pas qu'à côté de l'infini en grandeur se trouve l'infini en petitesse, et que ces deux termes de l'art peuvent, dans leur dissemblance, atteindre l'un et l'autre, l'un comme l'autre, à la Beauté.

A cette époque l'orfèvre trouvait, partout et toujours, du travail, soit dans les cités de l'Italie, soit à la cour des petits princes. On avait besoin de lui pour la décoration des églises et des palais, pour la confection des bijoux et des joyaux. Il exécutait des autels, des reliquaires, des vases sacrés, à moins que ce fussent des coffrets et des pièces d'orfèvrerie. Il parachevait tantôt la tiare d'un pape ; tantôt un diadème impérial, un sceptre, une couronne ; tantôt quelque collier de prince ou encore la médaille que le noble, le gentilhomme, le capitaine ou le magistrat portait à son bonnet. Enfin, pour les femmes, il ciselait des joyaux, des bagues, des bracelets, des ceintures et des fermoirs, et pour les hommes des armes, des boucliers, des ouvrages de fer et d'acier acquérant une valeur nouvelle aux yeux par leur intrinsèque beauté qui leur a mérité la place d'honneur de nos musées.

Serve de la mode plus qu'aucun autre art, l'orfèvrerie se plia à toutes les modifications du goût italien : elle fut tour à tour byzantine, gothique, puis, au temps de la Renaissance, se pénétra comme les autres arts, de l'esprit antique. Elle exécuta, dès lors, avec une habileté remarquable, des contrefaçons merveilleuses, ou bien abandonnant l'imitation servile, elle se plut à revêtir l'idée nouvelle de la forme antique. Pendant la Renaissance classique, presqu'aucun art n'atteignit à une telle délicatesse d'exécution, à une telle profondeur de pensée, à une pareille convenance dans l'expression, à une égale simplicité dans le sentiment. Mais ces procédés excellents furent méconnus par les artistes qui succédèrent aux maîtres de la Renaissance. Ils descendirent au rôle de simples copistes. Ils recherchèrent le grandiose et, voulant s'élever trop haut, tombèrent lourdement comme Icare, trop imprudent voisin du soleil.

C'est dans l'heureuse époque du *Rinasciment* et ce milieu favorable que Benvenuto naquit. Et telle fut son influence dans son art que, M. Plon l'a remarqué avec raison, son nom demeure attaché au grand mouvement esthétique qui tendait à faire de la ciselure, regardée jusqu'alors comme un art mineur, un travail et une profession du plus haut mérite. Aussi la plus grande partie des pièces d'orfèvrerie de son temps a-t-elle été, aux siècles suivants, ou attribuée à sa main ou tout au moins déclarée provenir de son école.

Nous avons laissé Cellini arrivant à Rome à 19 ans, en compagnie de son jeune ami, le ciseleur

1519

sur bois Tasso. Il se mit en boutique chez le joaillier Firenzuola qui excellait dans les gros ouvrages d'orfèvrerie. Son nouveau maître le chargea de confectionner une salière. Benvenuto l'enrichit d'un grand nombre de petits masques d'une beauté remarquable et qu'il copia sur un antique sarcophage que l'on admirait place de la Rotonde et qui fut ensuite placé sur le tombeau du pape Clément XII à Saint-Jean de Latran (chapelle Corsini). Cellini vendit cet objet d'art d'une façon si avantageuse qu'il put envoyer à son père une somme considérable tout en gardant assez pour subvenir à ses besoins.

1520-1521   Les deux années 1520-1521, il les occupa à l'étude des Antiques. Il changea en outre de maître et travailla pour le compte d'un orfèvre, milanais d'origine, Pagolo Arsago. En 1521, Cellini, cédant aux instances de son père, retourna à Florence. Il y cisela, dans l'atelier de Francesco Salimbene, et sur la commande d'un riche personnage nommé Rafaello Lapaccini, une ceinture de dame « large de trois doigts, en demi-relief et ornée de figurines en ronde bosse ». Mais une rixe entre Benvenuto et deux orfèvres, les frères Guasconti, rendit son séjour impossible en Toscane. Pour échapper aux punitions auxquelles l'exposait son humeur batailleuse et son caractère querelleur, il

s'enfuit, déguisé en moine, grâce au secours d'un
religieux nommé Alesso Strozzi, le même qui
devait, dans la suite, livrer Benedetto da Foiano.
Il revint à Rome. C'était en 1523. Le cardinal Jules   1523
de Médicis venait de monter sur le trône pontifical
sous le nom de Clément VII. Ce pape était le fils
posthume et naturel de Julien de Médicis, tué à Florence dans la conjuration des Pazzi qui firent tomber, dans un guet-apens, le 26 avril 1448, les
deux frères Julien et Laurent. Ce dernier ne dut
son salut qu'à la solidité des portes de la sacristie
de Sainte-Marie des Fleurs que Bandini, l'assassin
de Julien, les Pazzi et leurs amis Salviati ne
purent forcer, ce qui donna le temps aux partisans des Médicis de s'emparer des émeutiers et de
les réduire à l'impuissance. Légitimé par le pape
Léon X, son cousin, Jules de Médicis, le futur
Clément VII, devint archevêque de Florence, cardinal chancelier de l'Église et le successeur
d'Adrien VI à Saint-Pierre. Ce pape avait puisé
auprès de son oncle, Laurent le Magnifique, des
goûts de luxe et un grand amour de l'art. Il fut
le créateur de la villa Madame qu'il fit cons-
truire afin d'y réunir les lettrés dont il aimait à
s'entourer. Et l'on ne peut oublier sa commande
à Michel-Ange de l'admirable chapelle qui,
adjointe à la basilique Saint-Laurent de Florence,

devait contenir le mausolée de Julien de Médicis, duc de Nemours par son mariage avec la tante de François Ier, et le tombeau de Laurent, duc d'Urbin, le spoliateur du duc de la Rovère, l'instrument docile de son oncle Léon X et le père de Catherine, femme de Henri II de France. Et si je n'ai pas à parler ici des statues qui encadrent les tombeaux de ces deux princes, qu'il me soit permis de saluer en passant celui que Benvenuto qualifiait de « merveilleux génie, *divinissimo Michelagniolo* », le divin Buonarotti dont il s'appliqua continuellement à étudier le style sublime : « *Attesi continuamente a imparare sotto la bella maniera di Michelagniolo e da quella mai mi sono ispicatto.* » Clément VII, on le voit, était de tout point digne d'apprécier un artiste comme Cellini.

Cependant celui-ci s'était mis à l'œuvre. Déjà connu comme artiste de valeur, il avait reçu la commande de chandeliers pour la chapelle de l'évêque de Salamanque, cardinal de Cabresa, venu à Rome pour participer au concile qui avait élu Clément VII. L'artiste exécuta ces objets, malheureusement perdus aujourd'hui, « aussi richement que le permettait un ouvrage de cette nature (*per quanto si appartiene a tal' opera*). Il employait ses moments de loisir soit à relever les dessins de Buonarotti à la chapelle Sixtine, soit à copier les « magnifiques peintures de l'illustre Raphaël ». A cette intention, il se rendait souvent dans la belle villa du riche banquier Gismondo Chigi. Cette villa, connue sous le nom de la *Farnésine*, avait été construite par le père du banquier actuel, Agostino Chigi.

Parmi les objets d'art admirables qui s'y trouvaient rassemblés, on voyait les fresques de Raphaël, entre autres la *Galatée*, cette aimable peinture, et la célèbre *Psyché* dont Cellini devait goûter la légende amoureuse et les scènes délicates. Ce fut dans une de ses séances de dessin à la *Farnésine* que Benvenuto fit la connaissance de Madonna Porzia, femme de Gismondo Chigi. Intéressée par le talent dont l'artiste faisait preuve dans la copie des sujets qu'il étudiait, elle lui donna bientôt à monter un lys en diamant. Benvenuto orna ce joyau de petites figures d'enfants, de masques et d'animaux et s'acquitta de sa tâche avec tant d'habileté que le pape, les cardinaux de Cabresa et Cibo, et la haute noblesse romaine l'employèrent à l'envi, qui pour une aiguière, qui pour des vases, qui pour des bijoux. Et il convient de mentionner plus spécialement le·grand ouvrage d'argent que Cellini cisela pour l'évêque de Salamanque sur les dessins de l'élève

favori de Raphaël, le florentin G. F. Penni, surnommé le Fattore. L'habile orfèvre, Luca Agnolo,
avait été chargé du même travail. Malheureusement
nous n'avons de renseignements sur ces pièces
uniques que ceux mentionnés à la *Vita* et au traité
de l'*Orfèvrerie*. Benvenuto fit aussi beaucoup de
médailles d'or pour les Romains qui, selon la mode
du temps, les portaient à leurs bonnets. Une de ces
médailles, *Léda et le Cygne*, exécutée en 1524 pour
Gabbriello Cesarino, gonfalonier de Rome, surpassait en beauté un travail analogue exécuté par le
célèbre Caradosso de Milan qui, dit Cellini, « avait
« composé quelques Paix en demi-relief et des
« Christs en plaques d'or si minces et d'un travail
« si admirable que je les considérais comme le
« plus grand maître que j'eusse vu dans son art
« (*io giudicavo questo essere il maggior maestro che
« mai di tal cose io havessi visto*) ». Un tel éloge
dans la bouche de Benvenuto montre que, malgré
son outrecuidante vanité, il savait cependant, parfois, reconnaître le vrai mérite chez un autre, de
même qu'il faut louer la franchise avec laquelle
il condamnait tout ce qui lui paraissait mauvais,
esthétiquement parlant.

Et je cite avec plaisir ces vers d'Anton Francesco Grazzini s'écriant:

> Vivo vorrei Benvenuto Cellini
> Che senza alcun ritegno o barbazzale
> Delle cose malfatte dicea male.

« Ah! puisse être encore vivant Benvenuto qui, « sans crainte ni timidité aucune, infligeait le « blâme à tout ce qui est laid! »

Ici se place dans la *Vita* de Cellini quelques pages charmantes que je ne saurais passer sous silence. Afin de chasser la terreur qu'il avait de la peste qui sévissait alors d'une façon horrible, le jeune artiste allait souvent à la chasse. Laissons-lui la parole:

« J'avais l'habitude d'aller, les jours de fête, « visiter les monuments antiques, soit pour les « dessiner, soit pour les modeler en cire. Comme « une multitude de pigeons avaient construit « leurs nids dans ces édifices, qui sont tous en « ruine, il me prit fantaisie de les tirer avec mon « escopette. Pour fuir le commerce des hommes « et le fléau qui m'avait épouvanté, je mettais « donc mon arme sur l'épaule de mon apprenti « Paulino, et je m'enfonçais avec lui au milieu des « ruines, d'où je revenais avec une cargaison de « pigeons énormes. Je ne tirais qu'à balle, de sorte « que je devais uniquement à mon adresse les bonnes « chasses que je faisais. J'avais fabriqué moi-même « mon escopette dont le canon, à l'intérieur et à « l'extérieur, était aussi poli que le miroir le plus

« net. Le charme que la chasse avait pour moi
« semblait devoir me détourner de mon art et de
« mes études. D'un côté, cela était vrai ; mais, d'un
« autre côté, je gagnais à cet exercice plus que je ne
« perdais. En effet, chaque fois que j'allais à la
« chasse, l'air me fortifiait sensiblement. Dès que
« je me livrais à cette distraction, la mélancolie, qui
« m'était naturelle, disparaissait, mon cœur se dila-
« tait et ensuite ma besogne marchait beaucoup
« mieux que lorsque j'étais complètement absorbé
« par mes études, de sorte qu'en fin de jeu, mon
« escopette me rapportait plus de profit que de
« dommage.

« C'est encore en me livrant à cet amusement
« que je fis connaissance avec certains chercheurs
« d'Antiques, dont le métier consistait à épier les
« paysans lombards qui, à une certaine époque de
« l'année, venaient à Rome pour travailler aux
« vignes. Ces paysans, en piochant la terre, ne
« manquaient jamais de trouver des médailles, des
« agates, des plasmes, des cornalines, des camées,
« parfois même des pierres fines, telles que des
« émeraudes, des saphirs, des diamants et des rubis.
« Ils les cédaient à vil prix à mes chercheurs, à qui
« souvent j'en donnais plus d'écus d'or qu'ils ne
« leur avaient coûté de jules. J'en faisais ensuite un
« trafic qui, tout en me rapportant un bénéfice d'au

« moins mille pour cent, avait l'avantage de me
« concilier l'amitié de tous les cardinaux de Rome.
« Entre autres curiosités remarquables qui tom-
« bèrent entre mes mains, je citerai une tête de
« dauphin, grosse comme une fève; malgré la
« beauté du travail, l'art y était surpassé de beau-
« coup par la nature. C'était une émeraude d'une
« eau si pure, que la personne qui me l'acheta dix
« écus la revendit une centaine, après l'avoir
« simplement fait monter en anneau comme une
« pierre ordinaire. J'eus encore la plus belle
« topaze que l'on eût jamais vue, l'art y égalait
« la nature : elle était de la dimension d'une grosse
« noisette, et représentait la tête de Minerve. On
« ne pourrait rien imaginer de mieux. Je men-
« tionnerai aussi un camée, où l'on avait gravé
« Hercule enchaînant Cerbère : il était d'une
« exécution si parfaite que notre divin Michel-
« Ange dit qu'il n'avait, de sa vie, rencontré une
« pareille merveille. Parmi les nombreuses
« médailles de bronze qui vinrent en ma posses-
« sion, il y avait une tête de Jupiter qui, pour la
« dimension et la beauté, était sans égale; le
« revers était orné de figurines, non moins bien
« gravées que la tête du dieu. J'aurais encore
« quantité de choses intéressantes à dire sur ces
« curiosités, mais je les passe sous silence, de
« peur d'être entraîné trop loin. »

Je ne crois pas qu'il soit possible de donner une plus jolie description des antiquités qu'on découvrait alors aux environs de Rome. Ne l'oublions pas, à cette époque, nous sommes en 1525 ou 1526, la ville était encore intacte. Quelle joie pour Cellini d'errer dans ces ruines tranquilles, pleines de bruits d'ailes et de chants d'oiseaux! Le voyez-vous d'ici s'acheminant au travers des décombres des thermes incendiés, des palais détruits, dénichant, en des recoins voilés de ronces et de lierre, quelques statues mutilées, quelques frontons de palais délicatement fouillés et, parfois, une de ces fines têtes dormant sur le sol, parmi les fleurs sauvages, un éternel sommeil, ou accrochées aux flancs du Palatin, du Cœlius et de l'Aventin à quelques troncs de cytise dont s'agitaient à l'air romain les frémissantes grappes d'or? Oui, en vérité, ces temps, malgré les événements historiques qui les bouleversèrent, devaient être excellents pour la pensée esthétique parce qu'ils apportaient à l'humanité troublée, mais attentive quand même, des parcelles du grand art antique. Rappelons-nous les vers de Ronsard subissant, lui aussi, la griserie de la Grèce et de l'Italie, quand il s'écriait :

Les hymnes sont, des Grecs, invention première :
Callimaque beaucoup leur donna de lumière,

De splendeur, d'ornement ; bons dieux, quelle douceur,
Quel intime plaisir sent-on autour du cœur
Quand on lit sa Delos, ou quand sa lyre sonne
Apollon et sa sœur, les jumeaux de Latonne,
Ou les bains de Pallas, Cérès ou Jupiter !
Ah ! les chrestiens devroient les gentils imiter
A couvrir de beaux liz et de roses leurs testes,
Et chommer tous les ans à certains jours de festes
La mémoire et les faits de nos saincts immortels,
Et chanter tout le jour autour de leurs autels...
L'âge d'or reviendroit ; les vers et les poètes
Chantant de leurs patrons les louanges parfaites,
Chacun à qui mieux mieux le sien voudroit vanter :
Lors le ciel s'ouvriroit pour nous ouyr chanter.

Et presque en même temps, du Bellay allait
saluer :

Les sept coteaux romains, sept merveilles du monde...

Mais les doux loisirs et les parties de chasse 1527
de Cellini allaient être longuement interrompus
par le plus terrible des événements ayant jamais
menacé l'indépendance d'une ville : l'attaque de
Rome par les Impériaux sous la conduite du
connétable de Bourbon, au printemps de 1527.
Nous touchons ici à un de ces événements si
graves qu'il est nécessaire d'y insister. D'ailleurs,
le siège de Rome fut le résultat de la politique
indécise de Clément VII. Ce pape, effrayé de la
prépondérance de Charles-Quint au lendemain de
la bataille de Pavie (1525), qui aboutit à l'empri-

sonnement de François Ier avec lequel il avait fait une secrète alliance, prépara, d'une façon bien légère, une sainte ligue où il fit entrer Venise, un général de Charles-Quint, Pescaire et les États indépendants de l'Italie. Il comptait même sur l'appui des Suisses, sur celui de la Porte et attendait des subsides de la France qui allait être dépouillée en partie par le traité de Madrid. Il fit même appel à l'Angleterre et à Henri VIII. Mais Pescaire trahit les ligueurs; il livra à Charles-Quint le plan de la conjuration. François Ier sorti de prison, oublia de son côté ses promesses. Les Suisses donnèrent à peine. Florence nullement. Quant à Venise, elle fournit un incapable, le duc d'Urbin, uniquement préoccupé d'éviter les batailles et de rester à l'abri. Dejà maître de l'Italie par Milan et Naples, possédant à Rome de précieux auxiliaires dans la personne des Colonna, allié en outre au duc de Ferrare qui le laissait librement passer sur son propre territoire, l'Empereur avait une armée redoutable. A sa tête était le luthérien Frundsberg, du Guast, Antonio de Leyva, Philippe d'Orange, Ferdinand de Gonzague. Elle comprenait dans ses rangs des Allemands que la haine religieuse poussait contre Rome, des Espagnols avides de rapines et de meurtres, des aventuriers français et italiens. Et le commandement suprême de telles troupes appartenait au redoutable condottière Charles, connétable de France et duc de Bourbon, qui avait dédaigné les avances amoureuses de Louise de Savoie. L'illustre combattant de Marignan, l'ancien gouverneur du Milanais et de la Lombardie fut poussé à bout par les prétentions de la mère de François I.er, devenue sa plus mortelle ennemie, sur l'héritage bourbonnais comme fiefs féminins dont elle se disait la plus proche héritière, par suite de la mort de Suzanne de Bourbon, femme du connétable. Une pareille revendication ne tendait à rien moins qu'à revenir sur la donation formelle de Louis XII, sur le double apanage de la femme et de la belle-mère de Charles, et n'avait d'autre but que de consommer sa ruine.

Pendant que le procès se poursuivait, Charles, exaspéré par ces persécutions, prêta l'oreille aux propositions secrètes de Charles-Quint, sollicita la main de sa sœur Éléonore et alla jusqu'à lui offrir son épée pour l'invasion et le démembrement de la France. Charles-Quint eut l'habileté de se servir d'un tel homme pour l'exécution de ses vengeances.

L'épisode du sac de Rome, il ne faut pas s'y tromper, est une véritable invasion de Barbares lancés par l'Empereur contre cette ville. On a dit avec raison que la diplomatie régulière et le droit des gens n'ont rien à voir à cette entreprise. Bourbon et les Espagnols, après avoir pillé Milan, rejoignirent, le 9 février 1527, les troupes de Frundsberg. A la tête de trente mille hommes, le connétable atteignit Bologne. Pendant un mois, les Impériaux attendirent le résultat des négociations indécises de Clément VII: un traité avec l'Empereur presque aussitôt annulé, un rapprochement avec François Ier, puis le 15 mars, un nouveau traité avec Charles-Quint dissolvant la Ligue et rappelant les Allemands au delà des Alpes. Mais les bandes de Bourbon n'entendirent pas reculer. Elles voulaient piller Florence et Rome. Le connétable prit donc leur tête. Le 20 mars, ils s'avancèrent en Romagne, qu'ils brûlèrent, gravirent l'Apennin, descendirent sur Florence, prirent la route de Sienne et marchèrent sur Rome. Chemin faisant, ils brûlaient Montefiascone et Ronciglione, et le 5 mai, ils campaient au Monte-Mario, en vue du Vatican.

Le pape n'avait connu que le 2 mai l'approche de l'ennemi. Il ne lui restait qu'une poignée de mercenaires des Bandes Noires de Jean de Médicis, tué en novembre sous les murs de Mantoue; quelques centaines de chevaux; un petit nombre de Suisses : en tout trois mille hommes. Les coffres étaient vides. L'ambassadeur d'Henri VIII remit à Clément VII mille écus et engagea ses bijoux. On équipa les artisans et les palefreniers des cardinaux. Benvenuto Cellini recrutait dans les tavernes cinquante volontaires. En même temps, on arma les remparts.

L'ennemi campait sur le revers du Janicule. On était au 5 mai. Le lendemain, à l'aube, Bourbon, à cheval, marcha vers le Borgo, à la hauteur de San Spirito. Grâce à l'épaisseur du brouillard, il atteignit par une échelle le sommet du rempart ; à cet instant, il fut atteint d'une balle et mourut entre les bras de ses soldats, criant encore : « A Rome ! ». Cellini laisse entendre que le coup d'arquebuse fut tiré par lui. Les Espagnols ayant envahi le Borgo, se précipitaient vers Saint-Pierre en massacrant tout sur leur passage. Clément VII n'eut que le temps de s'enfuir au château Saint-Ange par la galerie qui reliait la forteresse au Vatican ; il était accompagné de douze cardinaux et des gens de sa maison. Les ponts-levis du château se relevèrent. L'ambassadeur de France et l'archevêque de Capoue furent hissés à l'intérieur dans des corbeilles. Plusieurs milliers de Romains périrent frappés de balles, entre Saint-Pierre et le Transtévère. Le soir, le prince d'Orange, entré par les portes du Janicule, établissait son camp sur la place Navone.

Rappelons-nous, pour nous représenter le sort de cette malheureuse cité, qu'elle était aux mains de mercenaires avides, unis par le seul appât du pillage. Ils tombaient sur leur proie comme des fauves, et sans souci de l'innocence ou de la faiblesse, s'abandonnaient à leur avarice et à leur luxure. Ce n'étaient qu'églises profanées, autels dépouillés de leurs vases sacrés, palais saccagés. Les rues étaient remplies d'une soldatesque effrénée qui, revêtue de la pourpre des cardinaux et du costume des évêques, se livrait aux joies grossières de l'ivresse. Partout, des mères désespérées, des vierges outragées, des enfants agonisants. Partout des malheureux soumis à d'atroces supplices pour obtenir la révélation de trésors supposés. Il y en eut un grand nombre qui, préférant la mort à la torture, se jetèrent des fenêtres et des toits de leurs maisons. D'autres, réfugiés dans les caves, les égouts, les retraits les plus cachés, furent découverts, saisis, massacrés par des soldats. Les Allemands tinrent au Vatican un conclave bouffon où ils déposèrent Clément VII. Ils allèrent même jusqu'à violer le tombeau de Jules II. Cette première fureur calmée, les troupes songèrent à s'enrichir.

« Pendant de longs jours, di de Rossi, on ne
« voyait dans les rues de Rome que les merce-
« naires chargés de caisses et de sacs remplis d'or et
« d'argent, ou succombant sous le faix d'im-
« menses ballots renfermant les ornements splen-
« dides arrachés aux églises par des mains sacri-
« lèges, ou les riches étoffes enlevées aux palais,
« brillants trophées d'un triomphe remporté sur le
« vain luxe et sur la pompe orgueilleuse de la
« vanité romaine. Les Goths, qui saccagèrent la
« cité éternelle en l'an de grâce 980, y trouvèrent
« moins de richesses aux mains des particuliers,
« quoique le butin dont ils s'emparèrent, en pil-
« lant les églises et en dépouillant les saintes
« reliques de leurs précieux ornements, fût
« immense, et au dire du cardinal Baronius,
« d'une valeur inappréciable. Les demeures des
« prélats et des ecclésiastiques étaient alors si
« pauvres, que les barbares dédaignaient de les
« piller ; mais, entre l'ancienne et la moderne
« cour pontificale, ~~malgré~~ que le xe siècle ait
« été une des époques les plus corrompues qui
« aient jamais affligé la chrétienté, il faut signa-
« ler cette différence, que le clergé de cette époque
« n'aspirait qu'à la piété, à l'humilité et à l'abné-
« gation, au lieu de chercher, comme celui du xvie
« siècle, à étaler dans ses palais un luxe excessif,
« indécent même. »

Privé de tout espoir de secours, Clément VII, obligé de souscrire aux conditions exorbitantes de ses ennemis, dut livrer Plaisance, Parme et Modène et promettre une rançon de quatre cent mille ducats. Pour se procurer l'argent nécessaire à sa rançon, il donna cinquante mille écus de délégations sur le domaine de l'Église et consacra au paiement du reste de cette somme une partie de l'or et de l'argent encore en sa possession [1].

Benvenuto qui venait de défendre avec adresse et bonheur le château Saint-Ange, et qui avait, du moins il le dit, blessé le prince d'Orange, redevint orfèvre pour fondre, à la demande de Clément VII, les montures des bijoux pontificaux qui pesaient environ deux cents livres. Il cousit ensuite dans les doublures des vêtements du Pape et d'un de ses partisans nommé Cavalierino, les pierres précieuses déchaussées de leurs montures.

Le siège terminé, Cellini retourna à Florence

1. Les Allemands et les Espagnols s'emparèrent du Saint-Ange où le pape demeura encore près de six mois, faute d'argent pour se racheter. Le 9 décembre, déguisé en valet de cuisine, il quitta le Vatican par les jardins et sortit de Rome. Il se rendit à Orvieto, et se réconcilia avec Charles qu'en 1529, dans la cathédrale de Bologne, il consacra Empereur d'Allemagne et d'Italie.

où Orazio Baglioni, qui avait contribué à la défense du château Saint-Ange, lui fit obtenir le grade de capitaine. Mais Giovanni, son père, craignant qu'il ne renonçât à l'art pour embrasser la carrière militaire, le persuada d'aller à Mantoue (1528). Il y retrouva son vieil ami Jules Romain qui décorait alors le palais du Té avec un sentiment admirable de la proportion dans l'ornementation de chacune des pièces, selon sa grandeur et son importance, depuis la belle galerie principale jusqu'aux gracieux petits *gabinetti*. Pendant le séjour de quelques mois qu'il fit en cette ville, Benvenuto exécuta, à la prière du duc Frédéric II, un reliquaire destiné à contenir le précieux sang que la légende voulait avoir été importé à Mantoue par le soldat qui avait percé le Christ mort d'un coup de lance. Ce soldat nommé Longinus, s'étant converti, revint dans sa patrie, et prêchant l'Évangile à Mantoue y subit le martyre.

Pour se conformer à la légende, Cellini représenta le Christ assis, la main gauche levée et tenant la croix comme pour s'y appuyer ; la main droite touchait la plaie de son côté.

Il cisela aussi pour Hercule de Gonzague, cardinal de Mantoue, frère du duc, un sceau représentant l'Assomption de la Vierge et les douze apôtres.

Bientôt de violents accès de fièvre le forcèrent
à rentrer à Florence au moment où la cité, menacée
tout à la fois par les troupes papales et les troupes
impériales, se préparait à la défense. Florence, en
effet, avait mis à profit la crise du Saint-Siège pour
chasser une fois de plus les Médicis. Elle venait
de bannir Hippolyte qui allait devenir cardinal dans
la suite et Alexandre qui devait, en 1531, être
nommé par Charles-Quint duc de Florence.
Clément VII réunit contre sa ville natale les
Espagnols et les Luthériens allemands dont il
venait d'éprouver à Rome la férocité. Florence
arma la jeunesse, leva dix mille artisans, appela
Michel-Ange en qualité d'ingénieur et nomma
général un condottiere d'un caractère implacable :
Malatesta de Baglione.

Or, pendant que Michel-Ange, uni aux
Médicis par des liens plus étroits encore que
ceux de Benvenuto, prenait avec tant d'héroïsme
la défense de sa ville natale, Cellini, nommé
capitaine deux ans auparavant, Cellini qui,
par les dispositions générales de l'artillerie au
château Saint-Ange, avait montré de si sérieuses
qualités guerrières, Cellini, au lieu de saisir l'occasion qui s'offrait à lui de combattre pour sa patrie,
crut devoir accepter l'invitation que Clément VII
lui faisait de rentrer à son service. Aussi, après

avoir terminé deux médailles, *Hercule et le Lion de Némée,* et *Atlas portant le monde,* la première pour un gentilhomme siennois nommé Girolamo Marretti, la seconde, qui lui valut l'approbation de Michel-Ange, pour un autre seigneur, Federigo Ginori, Benvenuto confia ses biens aux soins d'un ami, Pier Landi, et son père étant mort, partit pour Rome en 1529.

1529

Clément VII l'accueillit avec bonté et lui commanda une agrafe de chape que Benvenuto décrit en ces termes : « Elle était à peu près de la « grandeur de la paume de la main, dimension « qui présentait d'immenses difficultés ; au centre « brillait un magnifique diamant rose, limpide et « rayonnant comme une étoile et d'un éclat si « doux à la vue que les diamants de l'eau la plus « pure pâlissaient près de lui... » Le pape Jules II avait payé ce joyau trente-six mille ducats. Clément VII s'était adressé à un grand nombre d'artistes éminents pour la monture de cette remarquable pierre, entre autres à un certain Micheletto, habile graveur de cornaline et joaillier fort intelligent[1] et Pompeo, un milanais, orfèvre aussi. Mais tous plaçaient la pierre sur la poitrine d'un Dieu le Père, quand Cellini eut l'heu-

---

1. Vasari, *Vie de Valerio de Vicence.*

reuse idée de faire de cette gemme un trône sur lequel siégeait une petite figure de Jéhovah, la main levée pour bénir ; des essaims d'anges se jouaient dans les plis flottants de ses vêtements et au milieu des pierreries entourant le diamant central. Clément VII accepta ce projet aussitôt qu'il lui fut présenté, et malgré la résistance de ses orfèvres habituels, donna à l'artiste cinq cents écus d'or, le combla d'encouragements et le fit mander tous les trois jours au Vatican pour se rendre compte des progrès du travail. Cellini triompha d'une manière éclatante.

1531   En 1531, le Pape le nomma graveur de la Monnaie. Entre temps Benvenuto travaillait pour le pontife à un calice qu'il ne termina jamais.

Cet habile artiste aurait eu à Rome une situation importante, s'il ne l'eût gâtée à plaisir, soit par ses rebuffades pour un grand seigneur comme le cardinal Salviati, légat de Parme et bien d'autres illustres protecteurs, soit par son peu de zèle à remplir ses engagements et à exécuter ses commandes. Il y avait de quoi décourager Clément VII.

Après une fugue à Naples, où il visita les Antiquités, Benvenuto cisela des médailles pour le pape qui, au dire de l'artiste, se serait écrié en les voyant : « Jamais les anciens n'en ont eu de si belles ! » Réflexion bien exagérée, car ces médailles, quant au style, ne sont pas plus remarquables que celles exécutées au siècle précédent par Pisanello, Sperandio, Mateo di Pasta, ni même que celles de ses contemporains Grechetto et Bernardi.

Clément VII mourut au commencement de 1534. La même année vit le cardinal Farnèse monter sur le trône pontifical, sous le nom de Paul III. A un homme timide, froid, irrésolu, succédait un pape énergique, mais violent, irascible et vindicatif. Il était à prévoir qu'un pontife de cette nature ne supporterait pas avec la même facilité que son prédécesseur l'humeur fantasque et les méfaits d'un orfèvre. Avec ce nouveau pape accoutumé à peser les injures qui lui étaient faites, il fallait céder ou être brisé. Les choses allèrent d'abord toutes seules, car peu après l'élévation de Paul III, Cellini, se considérant comme offensé par les railleries de l'orfèvre Pompeo, son confrère, avec lequel il avait eu déjà de fréquentes querelles, le poursuivit dans les rues de Rome et le poignarda. Ce crime commis, il se réfugia chez le cardinal Cornaro, évêque de Brescia, et attendit les événements. Le pape s'étant aperçu de l'absence de son protégé en demanda le motif. En l'apprenant, comme il voulait un coin nouveau pour les monnaies romaines, il envoya un sauf-conduit à l'irascible orfèvre. En même temps, à un

1534

ami de Pompeo, messer Ambrogio, premier secrétaire de Paul III et protonotaire apostolique
hasardant quelques remontrances à ce sujet :
« Apprenez, répondit-il, que ·des hommes d'un
« talent sans égal comme Benvenuto ne sont pas
« tenus d'obéir aux lois, surtout quand ils ont été
« provoqués comme il l'a été (*or maggiormente lui*
« *che so quanta ragione egli à*) ! » Cellini se mit à
l'œuvre et composa pour Paul III une médaille sur
laquelle il représenta un saint Paul à mi-corps. Ce
travail offrait de l'intérêt parce que l'artiste s'était
efforcé de donner le plus d'importance possible
à l'effigie de l'apôtre dont il rehaussa la tête
jusqu'au bord supérieur, ne sacrifiant à la composition que les pieds et le bas du manteau. Sur le
droit de l'écu d'or se voyait l'écusson des Farnèse
et la légende *Paulus III Pont. Max.* Au revers, on
lisait l'inscription : *S. Paulus, Vas. Electionis.*

Le pape avait octroyé son pardon au criminel,
mais celui-ci n'était pas rentré en faveur. Cellini
attribua ce changement aux manœuvres de ses
ennemis, surtout aux intrigues de Pierre-Louis
Farnèse, fils naturel de Paul III. Ce prince, ayant
fait marier à un favori, son créancier, la fille du
malheureux orfèvre Pompeo, entourait de sa
protection les deux époux et demandait sans cesse

à son père la tête de Benvenuto. Celui-ci ne se sentant plus en sûreté à Rome, résolut de partir pour Florence.

Il avait, on s'en souvient, quitté cette ville au moment où allait commencer le siège, à la fin de 1529. Florence, après une résistance désespérée, avait dû capituler au bout de onze mois. Alexandre, duc de Penna et fils illégitime de Laurent II de Médicis, ne pénétra dans la ville assiégée que le 5 juin 1531. Le lendemain, en présence du représentant de l'Empereur, il était proclamé chef de la République.

Son premier acte fut de condamner à l'exil les Strozzi et tous ses adversaires. De concert avec Clément VII, il effaça les dernières traces du régime communal. Charles-Quint érigea la Toscane en duché et donna, en 1536, sa fille naturelle, Marguerite d'Autriche [1] au jeune Alexandre. Le nouveau duc s'entoura d'espions et de sicaires, confisqua les biens de la noblesse exilée effraya l'Italie par ses débauches. A la mort de Clément VII, Alexandre ne connut plus aucun frein. Lorsque Benvenuto fut reçu par lui, en 1535, il faisait 1535

---

[1]. Elle épousa en second mariage, l'année 1538, le petit-fils de Paul III, Octave Farnèse, préfet de Rome et second duc de Parme.

peser sur Florence la plus insupportable des tyrannies.

Après un rapide voyage à Venise où il passa quelques jours auprès de Jacopo Sansovino, le grand architecte, pour lequel il ne semble pas avoir eu beaucoup de sympathie, Cellini revint à Florence où il grava des coins de monnaie sur l'ordre d'Alexandre de Médicis. L'artiste nous a décrit également plusieurs pièces d'or ou d'argent qu'il composa à l'effigie du duc. L'une, entre autres, mérite de retenir l'attention. Elle portait au droit l'écusson des Médicis, au revers un buste de petit saint Jean gravé de face. « Ce fut, dit Cellini, « la première monnaie portant une tête de face « que l'on fît jamais sur un modèle d'argent si « mince (la pièce valait un demi-jule). » Et il ajoute : « Ces difficultés ne sont comprises que des gens du métier » (*questa tale dificulta non happarisce, se none agli ochi di quelli che sono eccellenti in cotai professione*). Il fit aussi, à la même époque, un modèle en cire de médaille pour Alexandre. Comme il était embarrassé sur la devise du revers, Lorenzino de Médicis, le compagnon de débauches d'Alexandre son favori et bientôt son assassin, Lorenzino, philosophe rêveur et mélancolique, s'écria qu'il y pensait jour et nuit, et il ajouta : « Vous aurez sous peu le sujet de votre

« revers, et vous verrez qu'il étonnera le monde. »

Benvenuto, mécontent de ce que le duc Alexandre ne tenait pas ses engagements et ne lui donnait pas la position qu'il réclamait à la Monnaie, revint à Rome. Il y passa toute l'année 1536, et 1536 malgré une grave maladie, il put assister à l'entrée triomphale de l'Empereur, revenant de l'expédition de Tunis.

Ferdinand, frère de Charles-Quint, n'avait pas réussi, en 1532, à conquérir le royaume de Hongrie sur le sultan Soliman. Soliman était resté maître de ses positions, mais n'avait pu franchir la frontière d'Allemagne, grâce à la bravoure de son ennemi. L'Empereur, négligeant une guerre qui ne devait profiter qu'à la seule maison d'Autriche, prépara une croisade contre les Turcs. Voulant que son expédition religieuse servît à toute la chrétienté, il attaqua Tunis, principal repaire des pirates qui infestaient la Méditerranée et enlevaient des captifs sur tous les rivages d'Europe. Le 16 juin 1535, l'armée espagnole assiégeait Tunis. Au bout d'un mois de résistance, la ville ouvrit ses portes et vingt mille chrétiens recouvrèrent la liberté.

En revenant de sa campagne victorieuse, Charles-Quint traversa toute l'Italie méridionale. Messine et Naples l'acclamèrent. Rome lui fit une réception enthousiaste. On orna de fresques la porte Capène.

Antonio da san Gallo éleva, sur la place que devait
traverser le cortège impérial, en face du palais Saint-
Marc, un arc de triomphe en bois, que Vasari
admira sans réserve. Des figures allégoriques de
Rome, les statues de plusieurs princes de la Maison
d'Autriche, des bas-reliefs représentant les actions
héroïques de Charles-Quint en ornaient les faces.
Et de distance en distance, dans les rues magnifiquement pavoisées, des trophées, portant un
double écusson aux armes de l'Empereur et de
Paul III, laissaient flotter sur le cortège de longues
draperies de pourpre.

A l'occasion du passage de l'Empereur,
Benvenuto fut chargé d'exécuter une couverture
pour un livre d'heures dont Paul III voulait faire
présent à Charles. Cette couverture, en or massif,
était ornée de feuillages, d'émaux et de pierres
précieuses. Les pierreries valaient, au dire de
Cellini, plus de six mille écus. Le manuscrit, agré-
menté d'admirables miniatures, avait été acquis à
très haut prix par le cardinal de Médicis qui voulait
l'offrir à Julie de Gonzague.

Charles-Quint, de son côté, ayant fait présent
au pape d'un très beau diamant (d'une valeur de
douze mille écus), Cellini reçut l'ordre de l'adapter
à la mesure du doigt de Paul. Il avait été monté
par un orfèvre vénitien, Milano Targhetta, habile

dans l'art de teinter les diamants. Mais Benvenuto trouva une coloration qui augmentait encore la beauté de la pierre. A cette occasion, l'artiste se livre dans ses *Mémoires* à des considérations absolument logiques sur la monture des pierres précieuses ou des diamants. Et il est regrettable qu'on rejette aujourd'hui l'usage de ces bijoux du XVIe siècle où les pierreries, prises au milieu de figures repoussées dans le champ d'or et ornées d'émaux, unissaient leurs feux à la clarté de ce métal et aux coloris multiples de ces émaux.

Au début de l'année 1537, Benvenuto apprit 1537 l'assassinat d'Alexandre de Médicis par Lorenzino; c'était là le sujet du revers dont lui avait parlé ce fourbe, l'année précédente, à propos de la médaille ducale. Alexandre avait l'habitude de courir avec son favori, les rues de Florence, la nuit, sous un déguisement. Pendant une promenade de ce genre, Lorenzino attira le duc dans son propre logis, et, avec l'aide d'un complice, l'égorgea. Il s'enfuit alors à Venise, puis en France et en Turquie. En 1548, il revint à Venise où il périt sous le poignard d'assassins à la solde de Cosme Ier.

Celui-ci, fils de Jean des Bandes Noires, usurpant l'héritage du fils d'Alexandre, se faisait proclamer duc de Florence, avec l'appui de Charles-Quint et de Guichardin : « Ah ! » s'écria

Benvenuto, répondant à quelques oisifs qui lui disaient que Cosme avait dû se soumettre à certaines conditions pour arriver au pouvoir, « ah! « vous me la baillez belle ! les Florentins ont mis « un jeune homme sur un cheval merveilleux, puis « ils lui ont chaussé des éperons, donné la bride « en mains et enfin, après l'avoir conduit au « milieu d'une plaine magnifique, émaillée de « fleurs et de fruits, ils lui ont défendu de passer « certaines limites. Or ça, dites-moi, qui pourra « l'empêcher de les franchir, s'il en a envie ? « *Le* « *leggie non si posson dare a chi è padron di esse...* ». « Les lois ne peuvent s'imposer à celui qui les « promulgue. »

Cette même année, en avril, notre artiste voyant que Paul III, irrité par la calomnie, ne le regardait plus d'un aussi bon œil, et craignant que ses ennemis ne fissent pis encore, résolut de partir pour la France. Il passa par Padoue où il exécuta un projet de médaillon pour le célèbre Pierre Bembo, l'illustre écrivain qui devait être, en 1539, nommé cardinal. Benvenuto représenta, d'un côté, le personnage portant la barbe courte, à la vénitienne; de l'autre, au milieu d'une couronne de myrthe, Pégase, emblème du savant prélat. Cellini, continuant son voyage, courut de nombreux dangers, tant par terre que par eau, en traversant la Suisse. Au mois de juin, il arrivait à Paris et était reçu par François Ier avec beaucoup de bienveillance. Il accompagna le roi dans un voyage à Lyon, et, chemin faisant, se lia étroitement avec Hippolyte d'Este, qui vivait à la cour de France, très en faveur auprès de François Ier, et fut créé cardinal de Ferrare en 1538.

Ce cardinal était le fils d'Alphonse d'Este, duc de Ferrare et de la célèbre Lucrèce Borgia. Il était le frère du duc Hercule II. Il prit une part active aux négociations politiques et religieuses de France et d'Italie, au XVIe siècle. Archevêque de Milan, gouverneur du patrimoine de saint Pierre, archevêque de Lyon, ce qui explique, peut-être, le logement de Cellini dans l'abbaye d'Ainay qui dépendait du cardinal, il protégeait les affaires de France à Rome et faisait partie du conseil privé de François Ier. Évêque d'Autun, archevêque de Narbonne, il fut investi également des abbayes de Saint-Médard, de Soissons, de Pontivy et de Boulbonne. Aucun prélat ne fut comblé d'aussi nombreux et d'aussi riches bénéfices ecclésiastiques. Il tint un état de maison fort brillant, s'entoura de gentilshommes, de poètes et d'artistes, protégea les belles lettres et fut constamment mêlé aux plus importantes affaires de l'État français.

A Lyon, Benvenuto tomba malade et, impatient

de se rendre en Italie où — ce sont ses propres expressions — il désirait mourir plutôt qu'en France, il repartit, non sans avoir, peut-être, modelé une médaille de François Ier. Cette médaille signée de Benvenuto, n'est pas mentionnée dans la *Vita*. Pourtant, elle est très belle, à en juger par l'exemplaire de la Bibliothèque Nationale. Cellini dut se livrer à ce travail de courte haleine, le seul possible, du reste, pendant les déplacements incessants de la cour qu'il suivait d'étape en étape.

1537   De retour à Rome (décembre 1537), il se vit, à son grand étonnement, accusé, sur la fausse dénonciation d'un ancien ouvrier à lui, le Pérugin Girolamo Pascucci, d'avoir dérobé la plupart des joyaux du Saint-Siège dont Clément VII lui avait fait fondre les montures, à l'époque du sac de la cité, en 1527. Bien que l'accusation ne pût être prouvée, Cellini, en dehors du court séjour qu'il fit chez le cardinal Cornaro, après une tentative d'évasion racontée par lui avec l'intérêt le plus dramatique et pendant laquelle il s'était cassé la jambe, fut détenu au château Saint-Ange, durant près

1539   de deux ans, soit jusqu'à la fin de 1539. Une fois guéri, il s'était vu réintégrer dans son cachot et consacrait les quelques heures de clarté qui parvenait jusqu'à lui, par l'étroit soupirail, à écrire des

sonnets et à lire la Bible. A un moment, son
désespoir fut tel qu'il se serait suicidé, n'eût été
la défense que lui en fit, dit-il, une puissance invi-
sible. Revenu de cet accès de démence, il se livra à
la pénitence, tomba dans une sorte d'exaltation
religieuse, et passa son temps à chanter des
psaumes ou des poésies pieuses de sa composition.

Je dois passer ici sur des scènes tragi-comiques
d'un passionnant intérêt : par exemple, les relations
du prisonnier avec le gouverneur du château
Saint-Ange, cet étrange Giorgio degli Ugolini qui
était atteint d'une maladie mentale périodique.
On ne peut imaginer les vexations et les mauvais
traitements que cet homme soupçonneux faisait
subir au pauvre artiste, dans ses moments de
troubles cérébraux. Et je ne crois pas qu'il soit possible d'écrire des pages plus vivantes que celles où
Cellini raconte la surveillance étroite dans laquelle
on le tenait tandis qu'il préparait son évasion, ni
plus impressionnantes que le chapitre où il parle
de la cellule de douze pieds carrés et sans jour
qu'on lui destina, une fois sa jambe cassée réta-
blie. Benvenuto laisse entendre, qu'à cette occasion, il fut livré par le cardinal Cornaro, sur la
demande de Paul III. qui accorda, en échange, au
prélat, un évêché pour un de ses gentilshommes
du nom d'Andrea Centano.

La dure incarcération de Cellini se prolongea jusqu'à l'arrivée, à Rome, d'Hippolyte d'Este. Le cardinal de Ferrare insista vivement auprès de Paul III pour obtenir la mise en liberté du prisonnier que François Ier réclamait à son service. Dès qu'il eut l'agrément du pape, le prélat envoya chercher son protégé. Il sortit de prison le 24 décembre 1539.

IV. — SÉJOUR EN FRANCE (1540-1544).

Benvenuto quitta Rome, monté sur un cheval que lui donna le cardinal qui partait de son côté. Il gagna la France en passant par Viterbe, afin d'y voir deux de ses cousines dont l'une était abbesse et l'autre cellérière du monastère de cette ville. Elles lui firent le plus aimable accueil. Il atteignit ensuite Sienne où il trouva le moyen de se disputer avec un hôtelier qu'il poignarda. Il dut quitter précipitamment la ville afin d'éviter d'être poursuivi par le gouverneur qui s'appelait Alphonse Piccolomini, duc d'Amalfi, et avait été créé capitaine général des Siennois par Charles-Quint, l'année 1529. En 1541, ce Piccolomini fut destitué par l'Empereur, parce qu'il avait, par faiblesse pour une Agnès Salvi, laissé impunis les déprédations et les meurtres auxquels se livraient les frères de celle-ci.

Après quelques jours passés à Florence, chez une sœur qu'il aimait tendrement, Benvenuto se rendit à Ferrare où l'avait précédé son éminent protecteur qui lui donna le logement dans le magnifique palais de Belfiore. Hippolyte d'Este partit pour la France, laissant derrière lui Cellini et lui enjoignant de travailler au bassin et à l'aiguière pour l'exécution desquels il avait remis de l'argent à l'artiste, lors de son premier voyage en France. En sortant de la prison du fort Saint-Ange, Cellini avait retrouvé le bassin commencé pour le cardinal et il le faisait achever par ses deux élèves, Ascanio di Tagliaccozzo et Paolo Romano, qui l'accompagnèrent à Ferrare et en France. Quant à l'aiguière, elle lui avait été volée avec beaucoup d'objets de prix, pendant sa captivité, et il dut la recommencer. Benvenuto aurait, à la même époque, modelé en terre ou en cire, le buste du cardinal de Ferrare. Mais il est impossible de dire si cette œuvre fut jamais coulée en bronze.

A l'arrivée de Cellini en France, le cardinal de Ferrare lui ménagea une audience. Quand François Ier vit les riches ciselures du bassin et la beauté de la coupe ornée de figures en relief que lui présenta le maître, il s'écria qu'un tel travail surpassait l'antique et proposa à Benvenuto de le prendre à son service, avec un salaire de trois cents écus d'or par an. Trouvant cette rémunération indigne d'un artiste de sa valeur, Cellini, sans hésiter, se mit en route pour retourner en Italie. Mais il fut ramené par les messagers royaux envoyés à sa poursuite, et, cette fois, le roi lui ayant fait un don de cinq cents écus d'or, accordé un salaire annuel de sept cents écus et commandé douze figurines d'argent, représentant des personnages mythologiques et destinées à servir de candélabres pour la table royale, il se décida à rester à Paris.

Il s'y trouvait à un moment de trêve. Le 18 juin 1538, François et Charles-Quint avaient, d'un commun accord, consenti à suspendre les hostilités qui, depuis quinze ans, s'étaient succédé presque sans arrêt. Cette trêve avait été accueillie avec de grandes démonstrations de joie par tout le royaume décimé. Et François, en attendant de recommencer la lutte avec un ennemi redoutable, reprenait sa vie d'insouciance et de gaieté. Dans son superbe palais de Fontainebleau, au milieu d'une cour brillante, ce roi gentilhomme brave, charmant et léger, avec, à ses côtés, sa mère Louise de Savoie et sa sœur Marguerite de

Valois, se plut à régner magnifiquement. Homme de goût, ami sincère des beaux arts, ses dispositions naturelles s'étaient développées en Italie, alors que Léonard de Vinci, Michel-Ange et Raphaël étaient dans tout l'éclat de leur réputation. En attirant à Paris Vinci et Andrea del Sarto, il avait même prouvé qu'il savait apprécier les grands artistes. Aucun d'eux n'eut malheureusement une influence sérieuse sur l'esprit et le goût du roi ou de la nation. Léonard, très âgé lorsqu'il vint en France, mourut deux ans après son arrivée. Andrea, dessinateur magnifique et coloriste talentueux, ne resta que fort peu de temps dans ce pays. L'esthétique du monarque n'avait pu réagir, faute de finesse, contre la mode. François se modela donc sur l'école de Rosso, de Primatice et de Cellini qu'il regardait comme la perfection. Il témoigna surtout à Cellini une admiration sans bornes qui lui fit fermer les yeux sur les violences de cet artiste. Il alla même jusqu'à le soustraire à l'inimitié de Mme d'Étampes et du comte de Saint-Paul qui, pour rassurer le roi sur le danger de perdre son protégé, lui proposèrent, deux ans plus tard, de le faire attacher, une bonne fois, à un gibet, bon moyen, assuraient-ils, de retenir en France l'inconstant personnage.

Sous le rapport moral, rappelons-nous ce que

dit, de François Ier, un historien [1] : « Sans préméditation dans le mal, sans perfidie réfléchie comme chez sa mère, il trompera, opprimera, délaissera tout ce qu'il aura aimé, tout ce qui aura espéré en lui. L'art même qu'il affectionnera plus constamment qu'aucune autre chose, il le sentira par l'imagination seule et non par l'âme, par la grâce voluptueuse, par la superficie, non par l'idéal et le divin. » Ce n'était plus, d'ailleurs, le monarque qui dans son entrevue avec Léon X, à Bologne, donnait de si belles espérances intellectuelles et diplomatiques. Les guerres, au dehors, les intrigues politiques et amoureuses, à l'intérieur, avaient changé de tout point et comme dévelouté son âme.

Il avait gardé pourtant une qualité : la générosité, une générosité spontanée qui lui attirait tous les cœurs. Benvenuto Cellini en fit l'expérience. François Ier, pour couronner toutes les faveurs dont il avait déjà comblé l'artiste, lui fit don du Petit-Nesle. Ce château, bâti en 1262 par Jean, comte de Nesle, appartenait, depuis 1416, au domaine royal, sous la dénomination de Grand et de Petit Nesle. L'habitation occupée par Benvenuto était située sur l'emplacement où s'élève aujourd'hui l'hôtel

1. H. Martin, t. VI.

de la Monnaie. Le Pont-Neuf n'existant pas encore
(il fut commencé seulement en 1578, sous
Henri III, par Androuet du Cerceau), il fallait,
pour se rendre au Louvre, traverser la Seine au
pont au Change, après avoir côtoyé les murs du
couvent des Augustins. Comme ce lieu était très
solitaire, Cellini, un soir où il venait de toucher
mille écus pour l'exécution de la salière dont nous
parlerons plus loin, fut attaqué par quatre
maraudeurs et ne dut la vie qu'à son adresse à
manier l'épée. Il obtint bientôt le titre de seigneur
du Petit-Nesle et, par lettre de nationalisation, en
1543, devint ainsi propriétaire de droit.

Mais ce ne fut pas sans beaucoup de peine qu'il
put l'être de fait, le prévôt Jean d'Estouteville se
refusant à abandonner sa résidence, et les ouvriers
de la distillerie, de l'imprimerie et de la fabrique
de salpêtre, installés dans le château, imitant
l'exemple que leur donnait le prévôt. Accompagné d'un officier délégué à cet effet, Cellini expulsa
Jean d'Estouteville en le menaçant de se porter sur
lui à des actes de violence; puis, avec le secours
de ses élèves et de ses aides, il chassa les ouvriers
récalcitrants et détruisit leur matériel. Une de
ses victimes se plaignit à la maîtresse du roi,
Mme d'Étampes, qui demanda, mais sans succès,
justice à son illustre maître et conçut, dès lors,

pour Cellini une haine violente qu'elle devait montrer en toute occasion.

Une fois en possession du terrain, Benvenuto établit son atelier, et à l'aide d'habiles ouvriers français, italiens et allemands, dirigés par ses élèves Ascanio et Paolo Romano, il exécuta un nombre considérable d'ouvrages, vases à anse, aiguières, modèles de statues dont la vogue blessa gravement l'orgueil de la corporation des orfèvres parisiens.

A en croire le mépris qu'il affecte dans la *Vita* à l'endroit des sculpteurs et des orfèvres français, on pourrait penser que Cellini vivait au milieu de barbares. En réalité, il n'en était pas ainsi. Mais, pour être juste, il faut convenir que Benvenuto initia ses confrères de France au goût délicat et à l'habileté raffinée de l'orfèvrerie italienne. Les orfèvres français excellaient surtout dans ce genre de travail qui comprend, sous la dénomination de *grosseria*, les ornements d'église et de table, les statuettes d'or et d'argent. Ce fut dans la *minuteria*, c'est-à-dire dans les bijoux, les médailles, les bagues, que l'influence de Cellini se fit sentir. Il introduisit la mode des médaillons exécutés au burin, sans fonte ou estampage aucun, et qui se portaient au chapeau pour les hommes, ou dans les cheveux pour les femmes, surtout sous le régime de François Ier et de Henri II.

Benvenuto eut beaucoup moins d'influence sur la sculpture française que sur l'orfèvrerie, parce qu'il ne se livra surtout à cet art qu'après avoir quitté Paris. On lui doit la substitution des sujets mythologiques aux sujets chrétiens. Et à cet égard, la *salière* de François Ier est caractéristique.

En sortant de prison à Rome, Cellini avait fait un modèle de salière, dans l'espoir qu'il plairait au cardinal Hippolyte d'Este. Mais cet espoir ayant été déçu, il apporta ce modèle en France et le montra au roi qui s'empressa de lui en ordonner l'exécution. L'œuvre commencée en 1540 fut terminée en 1543.

Cette salière d'or est une merveille. La Terre, figurée par Cybèle entièrement nue, appuie sa main gauche sur son sein comme pour en faire jaillir le lait destiné à nourrir le genre humain. Sa main droite retombe à côté d'elle, remplie de fruits. La Mer, sous les traits de Neptune, tient un trident à la main droite et, dans la gauche, une barque délicatement ciselée, pour recueillir le sel. Le terrain, représenté par des rochers et des collines, est couvert de fleurs et de fruits; on y voit la tête d'un lion, d'un chien, d'un lézard et d'un éléphant. La housse de l'éléphant sur laquelle Cybèle est assise et la draperie recouvrant la coquille sur laquelle siège Neptune sont fleurdelisées. Le petit temple, à la droite de Cybèle, avec ses trois arcades, ses quatre colonnes ioniques, ses petites figures en ronde bosse représentant Hercule et Pomone avec les fruits des Hespérides, est un chef-d'œuvre d'exécution. Aux angles de la plate-forme, quatre figures assises, deux d'hommes et deux de femmes, personnifient les quatre saisons. Le sommet du temple est couronné par une figure de femme qui porte une draperie sur ses épaules et repose sur un monceau de fruits et de fleurs. Un petit écusson surmonté de la lettre F avec la couronne royale, porte les armes de France, trois fleurs de lys d'or sur un champ d'azur, et l'emblème du roi, une salamandre. La Nuit, le Jour, le Crépuscule et l'Aurore, représentés par deux figures d'hommes et deux figures de femmes nues, ornent un côté du socle; de l'autre, sont sculptés en buste les quatre Vents et les emblèmes de la Terre et de la Mer.

« Quand je mis cette salière sous les yeux du
« roi, dit Cellini, il poussa un grand cri d'étonne-
« ment et ne put se lasser de la contempler
« *(quando questa opera io posi agli ochi del re, messe*
« *una voce di stupure, e non si poteva satiare di guar-*
« *darla)*. »

Au moment où, trente ans plus tard, le roi Charles IX épousa Élisabeth, fille de Maximilien II d'Autriche, il fit présent à l'archiduc Ferdinand de la salière de Cellini. Cet objet fut conservé au château d'Ambras, jusqu'au jour où l'on en transporta les collections à Vienne.

Quand on contemple les figurines de cette pièce d'orfèvrerie, leur dessin à la fois pur et vigoureux, leur pose naturelle, leur ajustement si fouillé; quand on examine avec attention les animaux, les poissons, les accessoires si beaux, l'heureux mélange de l'or et des émaux, on comprend ce que pouvait donner une expérience profonde des procédés, une connaissance accomplie du métier d'émailleur et de ciseleur. Sans doute, tout n'est pas d'une harmonie complète dans l'ensemble ; les deux figures principales ont peut-être quelque gaucherie dans la disposition des membres inférieurs entrelacés. Mais néanmoins, ici, comme dans les œuvres des artistes de la première Renaissance, « le caprice a sa raison d'être », et c'est, selon nous, le talent de Cellini d'en avoir compris la nécessité.

Les deux seuls grands ouvrages exécutés par l'artiste en France furent un Jupiter d'argent et la fameuse Nymphe ou Diane de Fontainebleau.

Du premier, je dirai peu de chose, car il n'est pas parvenu jusqu'à nous. Des indications fournies par la *Vita* et les *Traités* il résulte que le dieu tenait de la main droite le foudre dans lequel pouvait être placée une torche. Il portait, de l'autre main, le globe du monde. Les ornements de la tête et des pieds étaient rehaussés de dorures. Sur le piédestal en bronze doré, deux bas-reliefs figuraient, l'un l'*Enlèvement de Ganymède*, l'autre, *Léda et le Cygne*.

Cellini nous raconte comment, quand il présenta le Jupiter à François Ier, au palais de Fontainebleau, Mme d'Étampes, qui avait tout d'abord vainement essayé de retenir le roi jusqu'à ce que la nuit fût tombée, pour qu'il ne vît pas cette œuvre sous une lumière favorable, se sentant repoussée, tenta, dès lors, d'attirer l'attention du monarque sur d'autres statues reproduisant les plus beaux Antiques de Rome et qui avaient été réunies dans la même galerie par les soins du Primatice [1]. Mais ses intrigues restant sans effet,

---

1. Le Primatice avait fait mouler le Laocoon, l'Ariadne, la Vénus, le Commode, le Zingana et l'Apollon. Il y avait en outre le Tibre, des Satyres et des Sphinges. On peut voir le Laocoon, l'Ariadne, l'Apollon, la Vénus et le Commode dans une salle du rez-de-chaussée du Louvre. Les autres statues furent converties en monnaie de billon pendant la

elle se mit à critiquer avec tant d'acrimonie le
Jupiter de Benvenuto que le roi dut calmer
l'artiste justement outragé, en lui adressant
ces paroles : « J'ai enlevé à l'Italie le maître le plus
« grand, le plus universel qui ait jamais existé ». —
*il maggior huomo che nascessi mai, pieno di tante
professione.* »

Des douze statues commandées par François Ier
à Cellini, Jupiter commencé en 1540 fut la seule
achevée en 1544. De cette pièce, d'un poids considérable d'argent fin, il ne reste plus trace. Elle a
dû être fondue, sans nul doute. L'artiste avait
modelé, de plus, en cire, les statues de Junon,
d'Apollon, de Vulcain et de Mars. Mais il quitta
la France sans y avoir travaillé.

Passons maintenant au deuxième grand ouvrage
de Benvenuto : la *Nymphe.* Cette statue était,
dans le principe, destinée à orner la principale
entrée du palais de Fontainebleau et à personnifier
la fontaine de Belle-Eau, découverte dans la forêt
par la meute royale, un jour de chasse. Je ne
puis mieux faire que de laisser ici la parole à
Cellini lui-même, car sa description est aussi
exacte que possible :

Révolution, comme d'ailleurs les deux statues qui devaient
accompagner celle de Diane.

« Je m'étais d'abord occupé de la porte du palais
« de Fontainebleau, qui, suivant leur mauvais style
« français, était large et basse, presque carrée et
« surmontée d'un hémicycle en anse de panier, dans
« lequel le roi désirait que l'on représentât la nym-
« phe de Fontainebleau. Afin d'altérer le moins
« possible l'ordre de cette porte, je me contentai de
« lui donner une belle proportion et de rectifier
« l'hémicycle qui se trouvait au-dessus. J'ornai les
« côtés d'élégants ressauts posés sur une console
« qui correspondait à un chapiteau que j'avais
« établi dans le haut ; puis je remplaçai par deux
« satyres, presque en ronde-bosse, les deux colonnes
« que semblait réclamer cette disposition architec-
« turale. D'une main, un de ces satyres paraissait
« soutenir le chapiteau ; de l'autre main, il tenait
« une énorme massue. Son air était fier et menaçant,
« comme pour effrayer les spectateurs. Le second
« satyre avait la même attitude, mais il différait du
« premier par la tête et plusieurs accessoires. Il était
« armé d'une escourgée formée de trois boules
« retenues par des chaînes. Je nommai ces person-
« nages des satyres ; néanmoins, ils n'avaient de
« commun avec ces êtres fabuleux que des petites
« cornes et une physionomie semblable à celle du
« bouc. Tout le reste de leur corps avait la forme
« humaine. Dans l'hémicycle, j'avais représenté une

« femme couchée dans une belle attitude. Son bras
« gauche était appuyé sur le cou d'un cerf, pour
« rappeler une des devises du roi. D'un côté, j'avais
« modelé, en bas-relief, des chevreuils, des sangliers
« et d'autres animaux sauvages ; et, de l'autre côté,
« des chiens braques et des lévriers de différentes
« espèces, par allusion aux productions de la magni-
« fique forêt où naît la fontaine. Cette composition
« était renfermée dans un carré oblong, dont chaque
« angle supérieur contenait une victoire en bas-
« relief, portant une torche, ainsi que les repré-
« sentent les anciens. Au-dessus du grand bas-
« relief, j'avais placé une salamandre, devise favo-
« rite du roi, et une foule d'autres ornements en
« harmonie avec le reste de l'ouvrage qui était
« d'ordre ionique. »

Après la mort de François Ier, en 1547, la
Nymphe fut envoyée par Henri II, à Diane de
Poitiers, au château d'Anet. De là, après la Révolution, on la transporta au Louvre, dans la
section du Musée de la Renaissance. Quant aux
deux satyres si minutieusement décrits dans la
Vita, ils furent,— avec plusieurs statues antiques
fondues sur les moules du Primatice, — trans-
formés, sous la Révolution, en monnaie de
billon [1].

1. Cf. E. Plon et Barbet de Jouy (*Les fontes du Primatice*).

Ces deux travaux achevés, Cellini en attendit, mais en vain, le paiement. L'heure était
grave et la France, de nouveau menacée, traversait
une phase des plus critiques. La mort du sultan
Zapolya avait renouvelé les hostilités en Hongrie
(1540). Charles-Quint voulant faire un pendant
avec la croisade de Tunis, de glorieuse mémoire,
se dirigea sur Alger. Mais sa flotte et son armée
furent totalement détruites par la tempête. L'Italie
et l'Espagne étaient consternées. Dans de telles con-
jonctures, la France s'unit alors aux Ottomans. Sur
ces entrefaites, deux envoyés de François Ier traversant le Milanais, furent assassinés (1541) par la
garnison impériale de Pavie. En guise de repré-
sailles, le monarque français se mit donc en devoir
de conquérir le Luxembourg et le Roussillon.
Mais Charles-Quint, partant des bords du Rhin,
se dirigea sur Paris par la vallée de l'Oise. Il mit le
siège devant Landrecies et fut repoussé en 1543.
Pendant ce temps, Barberousse, après avoir saccagé
les bords de l'Italie, vint aider le duc d'Enghien
dans le siège de Nice. Les Turcs hivernèrent à
Toulon et, au printemps de 1544, repartirent avec
quatorze mille prisonniers. Charles-Quint et
Henri VIII investirent alors nos frontières du
Nord, pendant que Montluc et le duc d'Enghien
remportaient en Italie la bataille de Cérisolles

(14 avril 1544). Ce succès lointain n'effraya pas 1544 Henri VIII. Il mit le siège devant Boulogne et Montreuil, pendant que Charles-Quint marchait sur Paris. Les deux monarques voulaient se partager la France. Charles-Quint réduisit Saint-Dizier, Épernay et Château-Thierry, puis, ne pouvant faire subsister son armée, signa la paix de Crespy avec François Ier (18 septembre 1544). Henri VIII, continuant les hostilités, s'emparait de Boulogne, mais, bloqué lui-même, il dut fuir, poursuivi par nos troupes jusqu'en Écosse dont le roi Jacques, de son vivant allié des Français, avait laissé une fille que l'Angleterre et la France se disputaient à l'envi. On comprend qu'au milieu de ces contre-temps et de ces obstacles inattendus, François Ier, ayant autre chose à faire qu'à s'occuper d'art, supportât difficilement les demandes d'argent de Benvenuto. Il se peut aussi que le caractère violent de Cellini, les intrigues de Mme d'Etampes, du comte de Saint-Paul et d'autres grands seigneurs qni, pour plaire à la favorite, se liguaient contre l'orfèvre, aient, peu à peu, détaché le monarque de son artiste favori.

Il arriva un jour que François Ier refusa le modèle présenté par Cellini pour une fontaine projetée à Fontainebleau, et accepta celui de Prima-tice. Le fougueux Florentin en fut tellement irrité qu'à la première occasion il menaça son rival de le tuer comme un chien, s'il osait jamais dire un mot de cette affaire. Primatice épouvanté abandonna promptement toutes ses prétentions. Le roi, toujours faible pour Benvenuto, lui adressa une remontrance légère. Mais, un matin où l'artiste survenait avec deux beaux vases d'argent, François, sans doute préoccupé par les événements politiques, lui dit avec brusquerie : « Benvenuto, vous êtes un grand fou! « Emportez ces vases à Paris! Je veux qu'ils soient « dorés.»

Il n'en fallut pas davantage pour irriter Cellini. S'adressant alors au cardinal de Ferrare, il le supplia d'obtenir du roi l'autorisation de retourner en Italie. Dès qu'il en eut l'agrément, Benvenuto se mit en route. Il quitta Paris au mois de juillet de l'année 1545, laissant ses élèves Paolo Romano et Ascanio travailler pour le compte du cardinal de Ferrare et même pour celui du roi. Hippolyte d'Este les employa jusqu'en 1552. Sur les livres de comptes tenus par Tomaso Masti, trésorier du prélat, il est fait mention encore, après 1558, d'une somme de soixante livres tournois payée à Ascanio pour six petites aiguières et trois vases d'argent livrés au grand seigneur italien.

On ne sait malheureusement rien de plus sur ces deux élèves de Cellini qui étaient certainement des artisans fort habiles, autrement le cardinal ne leur aurait pas confié des travaux aussi importants, alors qu'il employait Marcel, Hottman, Tutin et nombre d'orfèvres fort distingués. Benvenuto regretta dans la suite l'abandon du Petit-Nesle. On s'en rend compte par la manière dont il parle dans la *Vita*, et après son retour à Florence, du grand roi français qui fut toujours si bon à son égard. Ne lui avait-il pas, en effet, promis une abbaye ? Il se rappelait aussi le canonicat octroyé, en 1544, à la Chapelle de Saint-Denis au Rosso et la nomination du Primatice à l'abbaye de Saint-Martin de Troyes avec de larges rentes.

Mais, il faut bien le dire, la position de Cellini serait devenue de plus en plus délicate à la cour de France. Rosso et Primatice étaient toujours en querelle. Et quand Rosso, désespéré d'avoir fait subir la torture à son ami Pellegrino qu'il avait mensongèrement accusé de vol, se fut donné la mort, Primatice présida à la destruction de presque toutes les œuvres de son rival et devint le chef incontesté des travaux d'art du roi. Avec la violence de Cellini qui n'était pas de nature à supporter la suprématie d'un confrère, il est facile de se faire une idée des luttes qui eussent pu survenir entre les deux artistes.

V. — SÉJOUR A FLORENCE (1545-1571).

Benvenuto arriva en Toscane au mois d'août. Il alla sans retard se présenter au duc Cosme Ier qui, on s'en souvient, occupait le pouvoir depuis huit ans. On se souvient aussi des réflexions de Cellini en apprenant à Rome la nomination du fils de Jean des Bandes Noires au duché de Toscane, au lendemain de l'assassinat d'Alexandre. Depuis 1537 « le jeune homme avait fait sentir la bride au cheval merveilleux qu'on lui avait mis en main ». Dépassant même les limites tracées, il avait marché à sa guise et assis solidement son autorité. Mais pour prix de la participation de Charles-Quint à son avènement au pouvoir, il avait dû abandonner à l'Empereur les clés de la Toscane, c'est-à-dire les places fortes de Florence, Pise et Libourne. Néanmoins, le duc s'empara insensiblement du pouvoir absolu. Il s'attribua, tout d'abord, le monopole du commerce florentin et des transactions avec l'Angleterre, l'Espagne, Anvers, Augsbourg. Il s'intéressa ensuite à l'exploitation des mines toscanes qui lui donnèrent de gros revenus.

En même temps, il s'appliqua énergiquement à relever un pays que les guerres entre Charles-

Quint et François Ier, l'invasion de l'Italie par les troupes espagnoles et allemandes, les révolutions intestines, la tyrannie et les malversations d'Alexandre de Médicis avaient réduit à un tel état de pénurie « que la seigneurie avait été obligée de demander au pape la permission de fondre les vases d'argent pour payer à Charles-Quint la somme de quarante mille ducats, rançon au prix de laquelle l'empereur consentit à évacuer le territoire florentin en 1529 [1] ....» Il fit arrêter à Pistoia les exilés qui menaçaient Florence et assassiner à Venise Lorenzino de Médicis, le meurtrier d'Alexandre.

Il protégea l'agriculture et rendit ainsi la prospérité à Pise qui, depuis la résistance obstinée qu'elle avait, au début du siècle, opposée à la République florentine, s'était presque entièrement dépeuplée, le manque de bras ayant transformé le pays environnant en un marais pestilentiel.

Au milieu de ses nombreuses occupations, Cosme Ier n'oublia pas la protection des arts, ce devoir de tous les Médicis. Ainsi que le grand Cosme l'Ancien et Laurent le Magnifique, il voulut devenir le centre autour duquel graviterait tout ce que l'art et la littérature offraient d'hommes

1. Galuzzi, *Storia Toscana*, t. I, ch. IX.

distingués. Et s'il n'eut pas des Ghiberti, des Donatello et des Verrochio à son service, tout au moins convient-il de ne pas dédaigner les Tribolo, les Ammanati, les Jean Bologne et les Cellini dont ce prince cultiva les talents fort remarquables, quoi qu'on ait pu dire.

Il manqua parfois de goût en préférant à Benvenuto Bandinelli, auteur d'un groupe médiocre d'*Hercule et de Cacus* et Ammanati qui sculpta la statue du Neptune sur la place de la Signoria. Il permit à son ignorant majordome, François Ricci, de disposer du patronage de la cour avec tant d'absolutisme, qu'aucun artiste ne pouvait rien obtenir sans s'être, au préalable, assuré les bonnes grâces de ce personnage. Le même Cosme, après avoir donné, en 1547, à Cellini, la commande du *Persée*, prêta l'oreille aux insinuations de Bandinelli contre l'artiste et tenta de le décourager par l'abandon, le dédain et des objections de grand seigneur ignorant des procédés artistiques. Cette méconnaissance était, somme toute, peu excusable de la part d'un prince lettré, fondateur de la célèbre Académie de Florence, protecteur de Paul Jove et de l'historien Benedetto Varchi, fondateur de l'Université de Pise, collectionneur enfin à la bibliothèque Laurentienne des manuscrits qui, réunis par Cosme l'Ancien et le Magnifique, avaient été transportés par Léon X à Rome d'où Clément VII les rapporta en Toscane. Amateur de numismatique, il s'occupa continûment aussi de recouvrer les médailles et les monnaies qui, autrefois, faisaient partie de l'ancienne collection des Médicis. Et il enrichit encore cette collection de toutes les pièces que ses agents pouvaient réunir en Italie et à l'étranger.

Il aimait, en outre, beaucoup les Antiquités. A propos de statuettes anciennes découvertes vers 1552, près d'Arezzo, Cellini nous dit que le duc en fut tellement ravi qu'il alla jusqu'à enlever lui-même, à l'aide de petits ciseaux, les couches de terre et de rouille qui recouvraient leur bronze.

Cosme accueillit à merveille Benvenuto Cellini dans sa belle villa de Poggio à Cajano. Il l'invita à modeler une figure de Persée destinée à orner la Loggia dei Lanzi, sur la belle place de Florence. L'artiste se mit de suite à l'œuvre en se disant qu'il ne pouvait rien désirer de mieux, puisque sa statue aurait pour voisines les statues de Donatello et de Michel-Ange. Le modèle achevé, il le montra au duc qui lui dit émerveillé : « Si la « statue est aussi bien réussie que le modèle, « l'œuvre sortie de tes mains sera plus belle qu'aucune de celles qui ornent la place... (*Questa « sarebbe la piu bella opera di piaza*) Excellent

« prince, répondit Benvenuto, je vous jure que
« la statue sera trois fois mieux que le modèle. »
Le duc secoua la tête et s'éloigna sans mot dire.

Pendant les années suivantes, de 1545 à 1549,
consacrées à travailler à la statue, Cellini fut en
butte à des ennuis et à des vexations continuelles, à
cause de l'inimitié de Ricci, le majordome du duc,
qui cherchait à semer des doutes dans l'esprit du
prince sur l'habileté de l'artiste. Le sculpteur
Baccio Bandinelli le haïssait aussi mortellement,
comme, jadis, Pompeo à Rome et Primatice
à Paris. Ce Bandinelli n'avait pas vu sans malveil-
lance Cellini revenir en Toscane. Et comme il
avait l'oreille de Cosme, il ne manquait pas de
desservir son rival de tout son pouvoir[1].

Le duc avait pourtant octroyé à Benvenuto une
maison destinée à lui servir d'atelier, via del

---

1. Baccio Bandinelli, que Cellini appelle souvent *Buaccio*
(*mauvais bœuf*), naquit à Florence en 1487, et mourut en 1559.
Notre auteur se laisse aveugler par la haine, lorsqu'il parle
des ouvrages de ce maître. Tout le monde sait que Baccio
fut un des plus savants dessinateurs de la savante école florentine. Cependant Vasari s'exprime ainsi sur lui : « Sa brutalité,
sa méchanceté et ses médisances lui attirèrent de nombreux
ennemis. Devant les tribunaux même, sans respect pour les
magistrats, il insultait les citoyens. Il aimait à plaider, à chica-
ner, et se vantait d'avoir eu des procès toute sa vie. »

Rosario et fixé son salaire annuel à deux cents écus[1]. Mais l'artiste ne trouvant à la cour que froideur et silence, en butte au mauvais vouloir de ses confrères, voyant qu'il était impossible d'obtenir l'argent nécessaire pour ses travaux, serait retourné en France, s'il n'eût appris qu'on l'y accusait d'avoir volé la somme qui lui avait été remise pour l'exécution des statuettes d'argent commandées, en 1540, par François Ier.

Il resta donc à Florence, mais sa situation finit par devenir tellement intolérable qu'il s'en fut à Venise où, pendant son séjour, il vécut dans l'intimité du Titien, de Sansovino et de Lorenzino de Médicis qui l'engagèrent à ne pas retourner dans sa patrie. Décidé à terminer le *Persée*, il n'écouta pas leur avis. Après son retour, il coula en bronze le buste de Cosme Ier qu'on admire au Bargello. 1546 Cosme est revêtu d'une cuirasse de cérémonie, magnifiquement décorée. Deux têtes mordent les seins figurés sur l'armure et tiennent un épi dans leur bec. La tête a une belle expression de fierté ; les traits, un peu durs, ont de la noblesse ; l'œil dont le blanc est légèrement émaillé, a une vie intense. Il se dégage de cette physionomie du prince un je ne sais quoi de tendu et de nerveux qui donne l'impression de la force et de la vie.

1. Il n'eut certes maison en toute propriété qu'en 1561.

Peu auparavant, Cellini avait confectionné pour la duchesse Éléonore de Tolède, la femme de Cosme, un fort joli gobelet. Ce vase était travaillé en bas-relief, avec des figures en ronde bosse et autres ornements.

1547   Il exécuta aussi pour le duc, en 1547, un très beau vase à l'antique pouvant servir de cruche à eau. Mais très occupé par la création de son *Persée*, il n'eut pas le temps d'achever ce travail.

Cosme reçut vers cette époque un torse ancien de marbre grec. Cellini s'offrant à le restaurer, le duc fit venir de Rome un bloc de marbre attique. Le fragment faisait partie d'une figure d'enfant. Cellini refit la tête, les bras et les pieds et y adjoignit un aigle pour en former un Ganymède. Le dieu, le bras droit levé, tient dans sa main un aiglon que l'aigle, posé à terre, regarde avec douceur. Ce groupe, d'abord placé au-dessus d'une porte au palais Pitti, se voit aujourd'hui dans la salle de l'Hermaphrodite, aux Uffizzi.

Mentionnons encore un groupe de marbre, *Apollon* et *Hyacinthe*, commencé en 1546 sur un bloc que lui avait donné Bandinelli. Mais le bloc, défectueux et fendu, empêcha l'artiste de terminer son modèle.

Réalisant une fois de plus son amour de l'antique, il sculpta, de 1546 à 1547, la statue de

Narcisse dans une attitude penchée, d'une grande finesse. Renversée et brisée à mi-corps pendant une inondation de l'Arno, le *Narcisse,* mentionné dans l'inventaire après le décès de Benvenuto, a disparu depuis.

Ces divers travaux ne détournaient pas Cellini de son *Persée*. La grande-duchesse Éléonore aurait bien voulu qu'il lui composât quelques bijoux : mais le maître s'en défendait, alléguant la nécessité où il était de s'adonner à ses travaux de sculpture afin de faire taire les envieux, prétendant qu'il n'était qu'un orfèvre et rien de plus. Cependant, pour complaire à son illustre protectrice, il lui confectionna un anneau d'or, enrichi d'un diamant. Sur cet anneau, destiné au petit doigt, étaient sculptés quatre enfants et quatre masques entremêlés de fruits et d'autres ornements d'émail. Et la monture, ainsi que le diamant, se faisaient mutuellement valoir : « *di modo che la gioia et l'anello si monstravano, molto bene insieme* ». La duchesse, très satisfaite, envoya ce bijou à Philippe II, fils de Charles-Quint, à son avènement au trône de Naples et de Sicile, par suite de la cession de l'Empereur en 1552.

Benvenuto enrichit aussi de pierres précieuses une ceinture appartenant à la duchesse de Médicis et monta pour elle, en pendant, un gros diamant. Il fut aidé, dans la confection de la ceinture, par de bons orfèvres, les frères Giov-Paolo et Domenico Poggini pour lesquels il n'a que des éloges. Quant au pendant, il y travailla seul, mais Éléonore, sans respect pour la monture de Cellini, fit plus tard remonter le diamant par un artiste allemand.

Revenons maintenant au *Persée*. Le sculpteur s'essaya d'abord en coulant le corps de la Méduse qui se tord sous les pieds de Persée. A cet effet, il construisit un fourneau spécial. Malgré la difficulté de la fonte de cette figure, il en vint à bout, et le jet en fut des mieux réussis et d'une absolue netteté. La Méduse plût beaucoup à Cosme et Cellini travailla de suite à terminer son *Persée*, se flattant qu'il viendrait aussi bien en bronze que la Méduse. Quand le modèle en cire fut achevé, le duc, à l'instigation de Bandinelli, refusa longtemps de lui donner l'argent nécessaire, sous prétexte que l'artiste serait dans l'impossibilité d'unir ensemble la statue de la *Méduse* et celle de *Persée*, ce travail étant absolument nouveau pour lui : (« *perchè l'era in me arte nuovo* ») .Benvenuto expliqua alors au duc les motifs qu'il avait d'espérer une réussite complète. Il prit toutes les précautions spéciales que réclamait la fonte de cette figure. La position des bras tenant un glaive et la tête de la

Méduse rendait la coulée d'un seul jet très difficile.

Cellini, dans la *Vita*, fait un récit des plus inté-ressants de l'anxiété par laquelle il lui fallut passer et des dangers qu'il dut vaincre, avant de voir ses efforts couronnés de succès. 1549

Négligeons les travaux préparatoires, par exemple la description de l'établissement du fourneau, et prenons le récit au moment où le métal est introduit, le bois tout prêt pour la mise au feu, les rigoles de coulée prêtes à recevoir le bronze en fusion, les ouvriers à leur poste, et laissons la parole à l'auteur. Il s'exprime ainsi :

« J'ordonnai à mes ouvriers d'allumer le feu ; par-
« faitement construit, bourré de bûches de pins,
« bois dont la résine favorise la combustion, mon
« fourneau fonctionna si vigoureusement, que je
« fus forcé de porter secours, tantôt d'un côté et
« tantôt de l'autre, à ma grande et extrême fatigue.
« Pour combler la mesure, le feu prit à l'atelier et
« nous donna lieu de craindre que le toit ne s'abî-
« mât sur nous. En outre, il me venait, du côté du
« jardin, un si grand vent et une pluie si furieuse,
« que mon fourneau se refroidissait. Après avoir
« lutté, pendant quelques heures, contre ces déplo-
« rables accidents, je me harassai tellement que je
« ne pus y résister, et la fièvre la plus violente

« qu'on puisse imaginer s'empara de moi. Je fus
« donc forcé d'aller me jeter sur mon lit. Au mo-
« ment de prendre ce parti, je me tournai vers mes
« auxiliaires ; il y en avait plus de dix, en comptant
« les fondeurs en bronze, les manœuvres et les
« ouvriers qui étaient spécialement à mon service ;
« et, après avoir fait mes recommandations à tous,
« je m'adressai à Bernardino Mannellini di Mugello,
« depuis plusieurs années à mon service, et lui
« dis : « Mon cher Bernardino, suis ponctuellement
« le plan que je t'ai expliqué, et va aussi vite que
« possible, car le métal sera bientôt à point. Tu
« ne peux te tromper ; ces braves gens nettoieront
« promptement les rigoles. Avec ces deux pierriers,
« vous frapperez les tampons du fourneau et je
« suis certain que le moule s'emplira très bien.
« Quant à moi, je me trouve plus malade que je
« ne l'ai jamais été depuis le jour où je suis né,
« et, en vérité, je crois qu'avant peu d'heures, je
« ne serai plus de ce monde ». Là-dessus, je les
« quittai, le cœur bien triste, et j'allai me
« coucher. »

Pendant deux heures, Benvenuto resta en proie
à une fièvre violente, soigné par une servante
qui tentait de le consoler et de lui rendre quelque
espoir, tout en versant, elle-même, des larmes
qu'elle s'efforçait vainement de cacher.

« Tandis que j'étais dans ces affreuses tribula-
« tions, je vis entrer dans ma chambre un homme
« tortu comme un S majuscule, qui se mit à me
« dire d'une voix aussi piteuse et aussi lamentable
« que celle des sbires annonçant aux condamnés
« leur dernière heure : « Hélas ! Benvenuto, votre
« œuvre est perdue, perdue sans ressource ! »

« Aux paroles de ce malheureux, je poussai un
« si terrible cri, qu'on l'aurait entendu du septième
« ciel, je me jetai à bas du lit, je pris mes habits et
« je commençai à me vêtir, en distribuant une grêle
« de coups de pied et de coups de poing à mes ser-
« vantes, à mes garçons et à tous ceux qui venaient
« pour m'aider. « Ah ! traîtres, ah ! envieux, m'é-
« criais-je en me lamentant, c'est une trahison
« préméditée, mais je jure Dieu que je saurai à quoi
« m'en tenir, et qu'avant de mourir, je prouverai
« qui je suis, de telle façon que plus d'un en sera
« épouvanté [1]. »

Surmontant, par son énergie, la timide opposi-
tion des ouvriers qu'il trouva immobiles autour
du feu, Cellini fit apporter des piles de bois de
chêne et jeter dans le fourneau un bloc d'étain qui
pesait environ soixante livres ; grâce à ces mesures
vigoureuses, il eut bientôt la satisfactiou de voir
le métal se liquéfier de nouveau.

1. Traduction Leclanché.

« Quand je vis que, contre l'attente de tous
« ces ignorants, j'avais ressuscité un mort, je repris
« tant de force qu'il me sembla que je n'avais plus
« ni fièvre, ni crainte de la mort. Tout à coup, une
« détonation frappa nos oreilles, et une flamme,
« semblable à un éclair, brilla à nos yeux. Une
« indicible terreur s'empara de chacun et de moi
« plus que des autres. Dès que ce fracas fut passé
« et cette clarté éteinte, nous nous regardâmes
« tous. Bientôt, nous nous aperçûmes que le
« couvercle de la fournaise avait éclaté, et que le
« bronze débordait ; j'ordonnai d'ouvrir de suite la
« bouche de mon moule et en même temps de frap-
« per sur les deux tampons. Ayant remarqué que le
« métal ne courait pas avec la rapidité habituelle, je
« pensai qu'il fallait peut-être attribuer sa lenteur à
« ce que la violence du feu auquel je l'avais soumis
« avait consumé l'alliage. Je fis alors prendre tous
« mes plats, mes écuelles et mes assiettes d'étain,
« qui étaient au nombre de plus de deux cents ; j'en
« mis une partie dans mes canaux et je jetai l'autre
« dans le fourneau. Mes ouvriers, voyant que le
« bronze était devenu parfaitement liquide et que
« le moule s'emplissait, m'aidaient et m'obéissaient
« avec autant de joie que de courage. Tout en leur
« recommandant tantôt une chose, tantôt une
« autre, je disais : « Assiste-moi, ô mon Dieu ! toi

« qui, par ta toute-puissance, ressuscitas d'entre les
« morts et montas glorieusement au ciel ! » A
« l'instant, mon moule s'emplit, je tombai à
« genoux et je remerciai le Seigneur de toute
« mon âme. Ensuite, je mangeai avec grand
« appétit et je bus avec tous mes hommes. Comme
« il était deux heures avant le jour, j'allai, joyeux
« et bien mieux portant, me mettre dans mon
« lit, et je reposai aussi tranquillement que si je
« n'eusse jamais été le moins du monde indis-
« posé. »

> *Feci Perseo, o Dio, come ogn'nom vede,*
> *E piacque a chi io lo feci e a tutto il mondo* [1].

Oui, Cellini avait raison : son *Persée* plut à tout
le monde, excepté à Bandinelli et à sa coterie.
Lorsqu'au mois d'avril 1554, la statue fut dé- 1554
couverte, l'admiration éclata unanime, depuis
Cosme, à demi-caché dans l'embrasure d'une
fenêtre du Palais Vieux, jusqu'au plus humble de
ses sujets, se pressant en foule sur la Piazza, devant
la Loge dei Lanzi. Benvenuto, en passant dans les
rues, fut singulièrement flatté de s'entendre
désigner comme l'auteur de cet admirable ouvrage.
Persée vient de tuer Méduse. Sa main droite abais-

---

1. Sonnet 96. — Trattato della Scultura, p. 395.

sée tient le cimeterre ; sa gauche brandit en l'air la tête de la Gorgone. L'attitude du héros est calme, son pied gauche. repose sur le corps, crispé de douleur, tordu et ramassé de son ennemie. Celle-ci s'agite dans les dernières convulsions. Un spasme gonfle le sein ; le bras droit, déjà mort, pend inerte. Persée, lui, surgit, triomphant, jeune d'une immortelle jeunesse et beau d'un sublime courage. Le casque ailé, le visage, l'avant-bras, la main étendue sont des morceaux admirables. Il laisse tomber un fier regard sur le corps inanimé de Méduse. Le piédestal en marbre carré est richement orné de têtes de chèvres, de festons et de figures de Termes. Dans quatre niches sont placées les statuettes en bronze de Jupiter, Mercure, Minerve et Danaé d'un fini merveilleux.

Cellini ayant eu l'imprudence de porter au palais de Cosme ces quatre statuettes, Éléonore les admira si passionnément qu'elle voulut les garder, et ordonna à Benvenuto de les placer dans son appartement. L'artiste profita d'une après-midi où le duc et la duchesse étaient allés se promener à cheval, pour reprendre les statuettes et les sceller sans retard sur le piédestal. Cet acte irrita fort la duchesse qui lui en voulait déjà à propos d'un collier de perles dont elle avait envie et que Cellini, interrogé par Cosme, dissuada celui-ci d'acheter, les perles n'étant pas assez belles.

Au-dessous de la base de la statue, et encastré dans la base même de la Loggia, un bas-relief représente la *Délivrance d'Andromède par Persée.* Dans le milieu, sur le rocher auquel les Néréides l'ont enchaînée, Andromède, nue, est assise. Son bras droit relevé tient une tresse de sa belle chevelure que le vent agite. Dans un mouvement d'une grâce et d'une chasteté exquise, elle se tourne vers Céphée et Cassiope ses parents, et implore un secours que les infortunés ne peuvent lui donner. A la droite d'Andromède, un épouvantable dragon sort des flots et va dévorer la jeune fille qui, fière de ses formes juvéniles, avait eu l'audacieuse prétention de l'emporter en beauté sur Junon et les Néréides, filles de Neptune. Près du roi et de la reine, Céphée et Cassiope, aux visages empreints d'une sombre douleur, un enfant et un jeune homme sont saisis d'horreur à la vue du monstre. Le vieillard Phinée dont la tête rappelle les pierres gravées antiques, semble répéter l'oracle de Jupiter Hammon ordonnant ce sacrifice. De longues files de personnages, formant l'escorte, occupent l'arrière-plan. Des régions célestes, où chevauchent trois cavaliers lancés dans les airs, descend Persée. Il vole avec rapidité ; le vent soulève les plis de son manteau ; les muscles de son bras serrent avec vigueur un cimeterre levé et l'on a, pour ainsi dire, l'impression du coup terrible qu'il est sur le point d'asséner sur le mufle du monstre Cétus.

Je me suis attardé longuement sur ce bas-relief parce qu'il est un des plus intéressants à étudier parmi ceux du xvie siècle florentin. Le talent de Cellini s'y montre en entier. C'est dans cette œuvre qu'il faut l'examiner pour bien comprendre son style. « Attitudes. anatomie, jet de draperies, mouvements des cavaliers, composition d'un animal fantastique, armes, architecture, il y a là un document complexe qui peut fournir les renseignements les plus variés : indications complétées en outre par celles que fournissent les figures en ronde bosse et les ornements de la base [1]. »

Cellini était persuadé que le *Persée* ne pouvait être égalé. Il tenait son œuvre en si haute estime qu'il l'évalua à dix mille écus d'or. Comme le duc irrité lui dit qu'avec une pareille somme, il pourrait bâtir des églises et des palais, il s'attira cette réponse : « Votre Excellence peut réunir « facilement autour d'elle une foule de gens « capables de lui servir d'architectes, mais elle ne « pourra trouver quelqu'un en état de lui faire une « pareille statue ; mon maître Michel-Ange lui-

---

1. Plon.

« même n'y réussirait pas, aujourd'hui qu'il est
« vieux (il avait alors quatre-vingt-sept ans); peut-
« être s'en serait-il tiré dans sa jeunesse, s'il s'était
« donné autant de peine que moi » — « *e non*
« *arebbe durato mancho fatiche che io mi abbia fatto.* »
Girolamo degli Albizzi, commissaire des milices
de Cosme, partisan fervent des Médicis, un des
principaux artisans de l'élévation du prince au
grand-duché de Toscane, nommé arbitre en cette
affaire, évalua le *Persée* trois mille cinq cent
cinquante écus d'or. Le duc accéda à cette esti-
mation et Cellini dut s'y soumettre.

Le *Persée* une fois terminé, Cellini obtint l'auto-   1555
risation de se rendre à Rome. Pendant son séjour
dans cette ville, il logea, près du pont Saint-Ange,
au palais Altoviti. On y conserve encore le buste
en bronze de Bindo Altoviti que Benvenuto avait
exécuté à Florence, en 1550. Ce Bindo Altoviti, très
lié également avec Raphaël qui fit de lui ce beau
portrait qu'on admire à la Pinacothèque de Munich,
était un homme d'affaires intelligent et fastueux
qui vécut à Rome. Il eut le goût des arts à un très
haut degré. Raphaël avait peint pour lui une Sainte-
Famille, *la Madona dell'Impannata*; Michel-Ange
lui dessina une *Vénus* et lui offrit un carton de la
chapelle Sixtine : *l'Ivresse de Noé*. Sansovino,

Benedetto da Rovezzano, Cecchino, Salviati, Vasari travaillèrent pour lui.

Le buste est depuis trois siècles dans la galerie du palais Altoviti et l'on comprend, en voyant ce bronze d'une noble et grave beauté, les éloges de Michel-Ange écrivant à Cellini : « Mon « Benvenuto, il y a longtemps que je vous tiens « pour le plus habile orfèvre qu'il y ait au monde, « je sais aujourd'hui que vous êtes un tout aussi « bon sculpteur » — (*et ora vi connosciero per* « *scultore simile*), car j'ai vu votre buste de Messer « Bindo Altoviti placé pourtant, ainsi qu'il l'avoue « lui-même, dans un jour si défavorable que la « moitié de ses beautés échappe aux regards. »

Ce buste fini, Bindo avait envoyé cinquante écus d'or à Benvenuto qui ne les accepta pas, préférant que son débiteur fît valoir son argent. Ce fut pour régler cette affaire que l'artiste se rendit à Rome. Il descendit chez Bindo qui, tout en lui répétant les éloges de Buonarotti à l'endroit de son œuvre, se montra froid pour Cellini. Il se peut que le banquier, très hostile aux Médicis, sachant que Benvenuto voulait proposer à Michel-Ange de venir à Florence, d'après l'ordre que lui en avait donné Cosme, ne fût nullement décidé à lui prêter appui.

Bindo appartenait à une ancienne famille établie

à Florence au XIIe siècle. Les Altoviti s'étaient enrichis dans le commerce de la soie et de la laine, vers 1215. Ayant acquis une fortune considérable, ils parvinrent aux postes élevés de la République, se firent les défenseurs de sa liberté et se déclarèrent les adversaires des Médicis en toute occasion. Alexandre et Cosme, pour ménager Bindo, dangereux par sa fortune et son crédit à la cour pontificale, le créèrent membre du Conseil des Deux-Cents et sénateur. Mais il demeura à Rome où il exerçait la charge de consul et faisait accueil aux exilés florentins. Paul III Farnèse, par haine des Médicis, nomma un fils de Bindo, Antonio, évêque de Florence. Cosme qui s'était opposé tout d'abord à la prise de possession du siège pontifical par Antonio, après la mort de Paul III, demanda à Jules III l'extradition de Bindo, sous prétexte de propos injurieux tenus contre lui. Le pape refusa. Bindo prit alors parti pour les Siennois menacés, pendant la guerre suscitée par l'arrivée de Pierre Strozzi, qu'Henri II avait dirigé sur la Toscane en 1553. Il envoya son fils Giovanbattista, pour combattre aux côtés de Strozzi qu'il aida de ses propres subsides. Cosme, déclarant rebelle Altoviti, confisqua tous ses biens, y compris ceux de sa femme, Fiammetta Soderini, et en fit don au marquis de Marignan qui avait forcé Sienne à capituler au bout de huit mois de siège, à la bataille de Marciano (2 août 1555).

Bindo mourut à Rome en 1557. Son tombeau se voit dans l'église de la Trinité des Monts.

La confiscation des biens de Bindo avait supprimé la jouissance de la rente viagère à laquelle Cellini avait droit, comme rémunération du buste qu'il avait exécuté en 1550. Le sculpteur quitta Rome sans avoir pu rentrer dans le déboursé de la main-d'œuvre et du bronze du buste, sans avoir obtenu de Michel-Ange son départ de Rome et sans avoir osé solliciter du pape Jules III (Giocchi del Munte), à cause de la présence de l'ambassadeur florentin Serristori qu'il supposait devoir s'y opposer, la permission d'entrer au service du pontife romain.

1556   De retour à Florence, le duc voulut employer Cellini à la balustrade de marbre qui entoure le chœur de la cathédrale Sainte-Marie-des-Fleurs, construit par Giuliano, fils de Baccio d'Agnolo, sur les dessins de Bandinelli. Notre artiste déclina la proposition, son ennemi y travaillant déjà. A la place de cette œuvre, il s'offrit à exécuter pour la grande porte d'entrée du milieu de l'église, deux portes en bronze qui ne lui seraient payées, disait-il, que si elles étaient supérieures à celles du baptistère de Ghiberti. Mais Cosme refusa cette offre et se contenta de lui commander deux chaires que Cellini n'exécuta jamais, quoiqu'il en ait esquissé plusieurs projets. Ceci se passait en 1556.

Cette même année, l'artiste commença un crucifix de marbre, avec l'intention de placer cette œuvre sur son propre tombeau. La composition était belle. Vasari s'exprime ainsi sur son compte : « Ce crucifix est tout en ronde bosse et de grandeur « naturelle. C'est la plus rare et la plus belle sculp- « ture qui se puisse voir. » Benvenuto l'avait offert à la duchesse Éléonore dans l'espoir d'arriver, par son influence, à obtenir l'exécution de la fontaine destinée à la Place de la Seigneurie, et qui devait être surmontée d'une statue de Neptune. Cosme témoigna dans cette occasion, une fois de plus, de son manque de goût quand, trahissant la parole qu'il avait donnée à Tribolo, il lui retira l'exécution de cette fontaine pour la confier à Bandinelli ; puis après la mort de celui-ci à Ammanati, quoique Cellini et Gian Bologna eussent, vers 1559, présenté, l'un et l'autre, des projets d'un mérite bien supérieur.

Éléonore ne voulut pas accepter le don du crucifix de Benvenuto. Cosme l'acheta en 1562 et le fit placer, dit Vasari, dans sa chapelle. Il y resta jusqu'au moment où François succéda à son père l'année 1574. Le nouveau grand-duc qui avait fait, huit ans auparavant, un assez long séjour à Madrid auprès de Philippe II, désireux de ne rien négliger pour raffermir son étroite union avec l'Espagne, fit don du précieux objet d'art à son illustre allié, en 1576, six ans après la mort de Cellini. Cosme avait payé cette belle sculpture du prix dérisoire de sept cents écus. Il est placé dans l'Escurial où il se trouve encore.

1562-1571   Les dernières années de la vie de Benvenuto Cellini, c'est-à-dire depuis l'année 1562 où s'arrêtent ses *Mémoires* jusqu'au 14 février 1571, date de sa mort, furent troublées par de graves difficultés d'argent. Cette vie, brillante à tant de points de vue, mais tourmentée et violente, aboutit à une vieillesse pauvre et chagrine. La fortune avait souvent souri au maître, mais ses manques de tenue et ses intempérances de langage lui jouèrent les plus mauvais tours et lui firent encourir souvent la disgrâce de ses protecteurs : papes, rois ou grands ducs.

Mais, ceci dit, il convient de remarquer que Cellini n'obtint qu'avec beaucoup de peine les règlements des différents ouvrages exécutés pour Cosme, à Florence. D'une supplique datée du 20 septembre 1570 et adressée au soprasindachi, il résulte que dans la dernière année de sa vie, et cinq mois avant de mourir, le vieux sculpteur n'était pas encore payé d'œuvres dont quelques-unes remontaient à une date très éloignée. Ajoutons que le duc affectait de le traiter avec une froideur de plus en plus grande. Même en admettant, ce qui est souvent vrai du reste, qu'il était dans les habitudes de Benvenuto de surfaire la valeur de ses services, il faut reconnaître combien il dut être pénible à un artiste de ce mérite d'attendre ainsi des ressources qui, après tout, lui étaient bien nécessaires. La pension annuelle de deux cents écus d'or que lui servait le duc Cosme était loin de lui être fournie régulièrement. Quant à la maison de la via del Rosario, il s'écoula près de dix ans avant qu'il en reçût l'acte de donation définitive. Le règlement du crucifix, payé seulement sept cents écus et qui en valait au moins le double, traîna en longueur. Cosme confiait les affaires de ce genre aux mains de comptables négligents. Il tranchait alors le différend et acceptait les conclusions des arbitrages, quand elles lui étaient favorables... *Ego nominor leo.*

Cellini continua de travailler aussi longtemps que sa santé le lui permit, et l'année même qui précéda sa mort, il fit deux petits modèles d'une *Junon* qu'il avait l'intention de couler en bronze pour François, fils de Cosme, associé au pouvoir par son père l'année 1564, à la suite de la mort de sa femme, la duchesse Éléonore et de deux de ses fils, Jean et Garcia. François, malgré son caractère sombre et dissimulé, eut quelque sympathie pour Benvenuto. Celui-ci aurait exécuté, vers 1568, un portrait en cire peinte, de François qui en fit don à sa maîtresse, la toute belle et toute puissante Bianca Cappello.

VI. — ATTRIBUTIONS

Je n'ai parlé, jusqu'ici, que des bijoux, objets d'art ou statues, sur lesquels Cellini a fourni lui-même des renseignements. Mais il est sans doute d'autres œuvres qui ont pu parvenir jusqu'à nous, tout en échappant à la nomenclature de l'artiste, quelques travaux de marbre ou de bronze non signés, et qui, par leur facture, rappellent, à s'y méprendre, la main du maître. Il est évident aussi qu'il a dû se livrer parfois à l'art du damasquinage, car il parle dans la *Vita* de poignards incrustés d'or, d'anneaux, de miroirs d'acier et même d'une dague. Il incrusta l'or dans l'acier, à la manière, dit-il, des artistes d'Orient, *alla turchesca*, et se plut à enrichir de cette façon des poignées et des lames.

Mais si l'on peut croire que Cellini a dû laisser
un plus grand nombre d'œuvres que celles indiquées par lui, il est très difficile de se prononcer
sur les attributions. Au seul point de vue de l'orfèvrerie, par exemple, il est presque impossible
de distinguer la bijouterie française de la bijouterie italienne, pendant la seconde moitié du xvi^e
siècle. J'ajoute qu'un pareil travail ne repose, le
plus souvent, que sur les données les plus incer-
taines et qui ne doivent être acceptées qu'avec la
plus entière prudence. Aussi, ne ferai-je guère
que citer ici, et en petit nombre, quelques-unes
des pièces attribuées à Cellini.

C'est d'abord la superbe salière Rospigliosi à
Lamporecchio (Toscane), pièce en or émaillé dont
la vasque, en forme de coquille, est ornée, à l'intérieur, d'ornements de couleurs diverses d'un
admirable effet. C'est ensuite un bassin et une
aiguière de Lercaro, au palais Coccapani, à
Modène, avec un sujet de décoration provenant d'un
épisode historique génois de 1380. A ce titre, ces
objets sont d'un exceptionnel intérêt et à coup sûr
de l'école de Benvenuto. Voici maintenant un vase
et quatre coupes de la galerie d'Apollon au Louvre.
L'examen de ces cinq pièces de jaspe divers et de
leurs montures d'or émaillé rappellent ce que
l'artiste dit des arts de l'émailleur dans son *Traité*

de l'Orfèvrerie. Cet ouvrage date du temps de François Ier.

En Angleterre, au château de Hatfield, chez lord Salisbury, une coupe en cristal de roche gravée, montée sur de l'or émaillé avec beaucoup de richesse, inspire les mêmes réflexions que les pièces d'art du Louvre.

Quant au bas-relief d'argent : l'*Apothéose de Charles-Quint* qu'on admire à la Bibliothèque Vaticane, à Rome, on a voulu souvent l'attribuer à Cellini. Mais comment cela se pourrait-il, puisque le maître ne vit qu'une seule fois l'empereur : le jour où il lui présenta le missel que lui avait commandé Paul III, lors de l'entrée triomphale de Charles-Quint, au retour de son expédition de Tunis, l'année 1536 ?

Aucun document ne saurait établir non plus l'authenticité du *Combat de Persée et de Phinée* et du *Jupiter foudroyant les Géants*, bas-reliefs d'argent qu'on admire également à la Vaticane.

N'oublions pas, dans cette nomenclature, les chandeliers du trésor de Saint Pierre que Burckhardt attribue à Michel-Ange ou à Cellini. Dans le doute, je crois qu'il est bon de s'abstenir et de ne point se prononcer en l'occurrence.

A Milan, dans le trésor de l'église de Saint-Celse, on peut admirer une aiguière et un bassin en argent doré, ornés de figures et de masques en relief, rappelant un peu, mais de bien loin, selon moi, le goût florentin de Cellini.

Même observation à propos de la coupe de lord Warwick, conservée au château de ce nom et dont le profil général est trop lourd pour être attribué à la main du maître italien, ainsi que la sonnette, dite de Clément VII, appartenant jadis à Walpole, aujourd'hui au baron de Rothschild à Londres.

Parmi les morceaux de sculpture d'une authenticité presque absolue, je citerai, en premier lieu, le *Chien* du palais du Bargello, à Florence. Bien que Benvenuto ne l'ait pas mentionnée dans la *Vita*, on sait d'une façon certaine [1] qu'il reçut dix écus d'or pour la façon de cette œuvre entreprise dans le but de connaître les terres à employer pour la fonte du *Persée*. Cette plaquette de bronze appartenait à Cosme.

C'est encore sûrement à Benvenuto qu'on peut attribuer le *Buste* en marbre porphyrisé du même Cosme et dont on trouve l'indication dans son inventaire après décès. Le buste avait été acquis par le futur cardinal Riario pour six écus d'or, nous dit l'artiste, dans un état des dépenses pour la fonte du *Persée*.

1. Biblioteca Riccardiana.

Et puisque je parle du *Persée*, il convient de ne pas oublier la petite statue de bronze qui est au Musée national de Florence. Cette statue diffère à peine de la statue de la Loggia dei Lanzi. Nous sommes peut-être là en présence d'une composition faite entre le modèle en cire et l'œuvre définitive. Ce bronze, de cinquante centimètres de hauteur, a toute la beauté de l'original.

Enfin, parmi les armes, les armures et les ouvrages en fer ou en acier, à côté de la riche épée du comte de Lannoy, ouvrage du XVIe siècle, qu'on peut voir à Paris au musée d'artillerie, à côté de l'étonnant bouclier de l'*Armeria* de Madrid dont le masque et les cartouches sont de véritables chefs-d'œuvre et font penser à la manière de Cellini, je n'aurai garde d'omettre le bouclier de l'*Armeria* de Turin. Cette œuvre, qu'on attribue à Benvenuto, si elle n'est pas de sa main, appartient certainement à son école. C'est un écu de parade repoussé, ciselé, damasquiné. Le centre est rempli par un grand médaillon entouré lui-même de quatre médaillons relatant des épisodes de l'histoire de Jugurtha et ses luttes avec l'histoire romaine. Ce travail, étonnant de relief et de vigueur, mérite d'être signalé comme un des plus importants de la ciselure italienne du XVIe siècle.

Mais son attribution à Cellini ne me paraît reposer sur aucun fondement sérieux. Si l'artiste eût accompli un ouvrage de ce genre, il est certain qu'il n'eût pas manqué de le mentionner dans la *Vita*. Il en est de même du buste de la duchesse Éléonore, épouse de Cosme de Médicis, et que nombre de critiques d'art veulent absolument que Benvenuto ait sculpté. Des œuvres d'une telle importance n'auraient pas été passées sous silence. Et l'artiste aurait su vanter, croyons-le sans peine, les ressources talentueuses qu'il aurait déployées pour en mener à bien l'exécution.

J'arrête donc ici l'énumération des œuvres présumées de Cellini, préférant et avec raison, m'en tenir aux seules compositions indiquées par lui au cours de ses *Mémoires*.

Si le temps destructeur n'a laissé qu'un petit nombre de ses œuvres parvenir jusqu'à nous, tout au moins pouvons-nous suppléer à la disparition de la plupart d'entre elles, grâce aux descriptions que l'artiste en a données. Or, en matière attributive, nous sommes réduits à de pures hypothèses, et par cela même sans doute à des erreurs certaines dont il est sage de se garder par un silence prudent.

VII. — LES TRAITÉS DE L'ORFÈVRERIE ET DE LA SCULPTURE.

Il est probable que Cellini mit à profit l'injuste délaissement où le laissait la cour de Florence, pour terminer ses deux *Traités* sur l'Orfèvrerie et la Sculpture, dédiés au cardinal Ferdinand de Médicis, frère de François.

Le *Traité de l'Orfèvrerie* nous donne les plus précieux renseignements sur les procédés employés au xvie siècle et ceux qu'inventa Benvenuto lui-même. Au cours de cette étude, je lui ai fait plusieurs emprunts. Il traite surtout de la nature des pierres précieuses, de l'art de les monter, des émaux, des repoussés d'or et d'argent, de la fabrication des bagues, des médaillons et des bracelets. Si l'art des bijoux est tombé de nos jours dans un tel mauvais goût, c'est qu'on oublie d'étudier un pareil traité. Les orfèvres contemporains, au lieu de se livrer aux recherches fantaisistes et malheureuses du *modern style*, feraient beaucoup mieux de revenir résolument aux beaux bijoux anciens, à ces montures royales de lys en diamant, émaillées, parsemées de figures d'enfants, de masques et d'animaux, à ces anneaux incrustés de gemmes, travaillés ou repoussés, ciselés et rehaussés d'émaux. De préférence aux broches symétriques et laides, aux bracelets où s'accroche un malheureux diamant, ils devraient reprendre, les orfèvres contemporains, ces camées où, sur un champ d'or orné d'émail, la pierre fine gravée se fixe délicatement. Il leur faudrait aussi s'appliquer à répandre ces larges agrafes d'or ciselées et enrichies de pierreries qui retenaient, jadis, le haut gorgerin et qui ressortiraient avec tant d'éclat au bas d'un buste décolleté ; ces ceintures à jour où s'accrochaient, en guise de chaînons, d'innombrables petits masques ou ornements en demi-relief, ou encore quelques-uns de ces beaux pendants au milieu desquels éclataient les feux d'un solitaire coloré par l'habile introduction, sous le chaton, d'une substance étrangère, d'un stuc teinté. Et ce ne serait pas dans la seule composition des bijoux que devrait éclater l'habileté des orfèvres modernes, mais dans la création des calices, des encensoirs, des chandeliers et des mitres épiscopales. Tant qu'on ne reviendra pas aux règle classiques, aux principes antiques auxquels, pour ne parler que de la France, Limoges dut son école d'émaux, Paris ses statues d'or et d'argent, Metz ses travaux à l'entaille et au burin, Arras et Lyon leurs soieries tramées d'or ; tant qu'on n'étudiera pas et qu'on n'imitera pas les chefs-d'œuvre de l'orfèvrerie ancienne, la joaillerie actuelle n'accomplira aucune œuvre marquante et durable.

Et la preuve de ce que j'avance là, on peut la trouver dans le fameux ouvrage du moine Théophile : *Diversarum artium Schedula* qui traite de toutes les branches de l'orfèvrerie et montre combien la science des maîtres du xie siècle était développée à cet égard. Le *Trattato de' Oreficeria* de Cellini présente quelque analogie avec cet ouvrage, du reste plus complet et plus approfondi que celui du maître florentin.

Dans son *Traité de la Sculpture*, Benvenuto revendique le premier rang en faveur de cet art. Selon lui, la peinture n'occupe que le second. A cette époque s'élevaient des débats passionnés, au sujet de la prééminence à accorder à l'un ou l'autre de ces deux professions. Au xve siècle, Léone-Battista Alberti, étudiant la statuaire et la peinture, avait accordé la préférence à cette dernière. Et un siècle plus tard, Baldassar Castiglione, dans son beau *Cortegiano*, exposa les arguments pour et contre, tout en évitant de conclure. Cinquante ans après, l'historien Benedetto Varchi convia peintres et sculpteurs à exposer leurs raisons en des mémoires. Giorgio Vasari, le Bronzino, Jacopo da Puntormo, Tasso, Francesco da San Gallo, le Tribolo et Cellini répondirent à son appel [1]. Nous n'avons

1. C'est à propos de ces discussions que Michel-Ange

ici qu'à nous occuper de Benvenuto. La supériorité de la sculpture provient, selon lui, de ce qu'elle représente avec plus de vérité et de fidélité la nature, tandis que la peinture n'en est, pour ainsi dire, qu'un reflet. La sculpture impose à l'artiste un labeur long et pénible ; la peinture n'exige pas une très grande habileté en dehors de la reproduction du relief sur le plan de la toile ou du papier. Si la couleur donne une impression de vie aux personnages, combien elle a moins de durée que le marbre qui défie les siècles et, même parmi les ruines, laisse subsister intactes les traces du ciseau. Après de très judicieux préceptes sur l'art de fondre un bronze et des considérations fort logiques sur les différentes qualités de marbre, Benvenuto parle du dessin et de la manière de l'apprendre. Il faut mettre en premier lieu, dit-il, l'élève devant les fragments anatomiques les plus simples du corps humain. Il devra ensuite en dessiner les profils ; puis, peu à peu, il étudiera progressivement les parties plus compliquées de la charpente et de l'ossature. Ce n'est qu'après qu'il aura atteint dans ces copies une véritable

s'écriait : « Ah ! que peintres et sculpteurs fassent donc une bonne fois la paix et abandonnent ces vaines disputes auxquelles ils passent plus de temps qu'à faire leurs figures ! ».

maîtrise qu'on devra l'admettre à l'interprétation du visage, cette œuvre la plus magnifique et la plus belle de la création.

On trouve dans ces deux *Traités* les qualités déjà relevées plus haut à propos de la biographie : c'est-à-dire l'énergie du style, l'emploi heureux et abondant des mots techniques et de ces idiotismes pittoresques, grâce auxquels l'attention est sans cesse éveillée. La langue de Benvenuto est le véritable dialecte florentin, original et fin et dont aucune traduction ne saurait rendre l'alerte et vivace signification. Aussi, ces *Traités*, comme son autobiographie, sont-ils marqués au coin de l'empreinte la plus personnelle. Et combien sa technique est accessible et neuve à la fois ! Cet homme qui, de la carrière d'orfèvre s'est élevé à celle de sculpteur par la seule poussée de son supérieur talent, s'impose encore ici comme écrivain d'art de premier ordre. Sa verve étonnante grave dans l'esprit du lecteur l'emploi des procédés, celui du travail et les différentes manières de parvenir à la maîtrise esthétique. Et de nos jours, où l'on traite des arts avec tant de facilité et de légèreté et souvent si peu de notions fondamentales, il est équitable, à mon sens, d'insister sur les écrits des bons maîtres qui, comme un

Alberti ou un Cellini, tracèrent la théorie des arts plastiques. Malgré leurs défauts, c'étaient de vrais artistes. Ils n'abusaient point de leur autorité pour tomber dans une coupable prolixité, mais ils estimaient les principes comme la règle essentielle du talent. Je crois qu'il est difficile de comprendre un maître, les maîtres, si on ne les étudie pas dans leurs œuvres — toutes leurs œuvres —, à l'aide d'une forte méthode, et si l'on ne peut les suivre dans la connaissance des règles qu'ils ont si bien appliquées. A ce titre, les *Traités* de Cellini nous révèlent, autant et plus que ses travaux, qu'il connaissait les secrets de son métier et savait dégager l'harmonieuse synthèse de l'œuvre d'art — bijou, statue — à entreprendre. Et s'il n'a pas eu toujours l'équilibre parfait de l'esprit d'analyse avec la méthode de composition, apanage des hommes forts, tout au moins réussit-il en contemplant les réalités d'art, à en dégager les grandes lois, puis, sous l'influence des facultés créatrices, à donner la vie aux matériaux. Voilà ce que nous apprennent les *Traités* de Cellini fixant la réalité dans des formes plastiques, et traduisant à autrui les résultats de son expérience et de son savoir.

VIII. — CELLINI ARCHITECTE.

Comme son illustre maître Michel-Ange, comme plusieurs de ses contemporains peintres, sculpteurs ou orfèvres, les Unghero, les Sanmarino, les Niccolo de Pericoli surnommé le Tribolo, les Sansovino, les Tasso, Benvenuto fut ingénieur et architecte. Ce fut ainsi qu'il donna, en 1543, à François Ier un modèle de fontaine destinée au parc de Fontainebleau. Cette fontaine, de forme carrée, était entourée de superbes escaliers s'entre-croisant dans leurs révolutions. Le milieu de la fontaine devait être occupé par une statue élevant d'une main en l'air une lance brisée, et de l'autre tenant un glaive. Des statues, ornées de splendides attributs, occupaient chaque angle de la fontaine et représentaient : les Belles Lettres, l'art du Dessin, la Musique et la Libéralité. Quant à celle du milieu, elle personnifiait le dieu Mars, image de la puissance du roi, « seul vaillant prince qu'il « y ait au monde, lui disait l'artiste en lui mon- « trant son projet » — (*che voi siete sol brãvo al* « *mondo*) « — car vous employez avec équité « votre bravoure à défendre la gloire de votre « couronne. » Cette statue devait avoir cin-quante-quatre pieds. L'artiste n'exécuta point la fontaine, mais il travailla au modèle du dieu Mars. Il lui donna une hauteur de quarante brasses. L'armature en bois était enduite d'une épaisse couche de plâtre. Placé dans le jardin du Petit Nesle, de par ses proportions gigantesques, il était parfaitement visible du dehors. Le colosse avec la fontaine furent abandonnés lors du départ de l'artiste pour l'Italie. François Ier tenait à la conservation de cette statue et il espéra toujours qu'un hasard heureux, ramenant Benvenuto à Paris, lui permettrait de terminer cette œuvre osée dont le projet lui avait arraché cette exclamation : « *Veramente io ó trovato uno uomo sicondo il quor* « *mio* » — « Vraiment, j'ai trouvé un homme « selon mon cœur ! »

En Italie, Cellini travailla, mais sans leur donner suite, au modèle d'un monument funèbre exécuté sur l'ordre du cardinal de Ravenne, ainsi qu'à un projet de tombeau papal.

A la fin d'août de l'année 1544, François Ier, désireux de mettre Paris à l'abri d'une attaque des Impériaux qui, on l'a vu plus haut, s'étaient avancés jusqu'à Epernay et Château-Thierry, consulta Benvenuto au sujet des fortifications. Le dauphin défendait Paris et campait à Meaux. On renforça les fortifications du côté des faubourgs Montmartre, du Temple, Saint-Antoine, Saint-Jacques et Saint-Michel. Mais l'amiral d'Annebaut, d'accord avec Mme d'Étampes, écarta Cellini et eut recours aux lumières de Girolamo Bellarmati, savant professeur de mathématiques et d'architecture militaire à Sienne et, qui, exilé de sa patrie, s'était retiré en France. Le roi l'avait nommé ingénieur en chef. On lui doit les travaux de défense de la ville et du port du Havre.

Dix ans plus tard, lorsque Cosme, pour obéir à l'Empereur qui avait contribué à son élévation au pouvoir suprême et que le grand-duc devait, par cela même, ménager, envoya ses troupes, sous la conduite du marquis de Marignan, assiéger Sienne, il vit à son tour le territoire ducal plusieurs fois menacé et même dévasté par les troupes du roi de France Henri II, que commandait Pierro Strozzi. Le vaillant maréchal, en haine de Cosme de Médicis qui retint son père dans une étroite captivité, avait passé au service de la France et se trouvait toujours prêt à marcher contre l'Italie quand l'occasion s'en présentait. La guerre contre les Siennois dont nous nous sommes occupés en parlant d'Altoviti, fut meurtrière et incertaine. Aussi fallut-il mettre Florence à l'abri d'un coup de main et réparer les fortifications de la ville. Les portes furent réparties entre plusieurs sculpteurs et architectes : Bandinelli fut chargé de la porte San-Friano ; Pasqualino d'Ancona de celle de San-Pier-Gattolini ; Giuliano d'Agnolo eut la porte San-Giorgio ; Particino, la porte San-Nicolo ; Francesco da San-Gallo, la porte alla Croce ; Tasso, la porte Pinti. A Benvenuto échut la porte al Prato et la petite porte d'Arno. On lui fournit un plan comme à ses autres confrères. Mais Cellini, le trouvant vicieux, eut la hardiesse de le dire à Cosme. Peu s'en fallut que le grand-duc ne l'envoyât promener, à la grande indignation de l'architecte improvisé. Enfin le duc et l'artiste se calmèrent et s'expliquèrent. Cellini put faire adopter ses dessins. Mais il eut encore maille à partir avec un capitaine de garde, à la porte al Prato, Lombard à mine terrible et qui faillit maintes fois, étant de nature violente aussi, en venir aux mains avec l'irascible Florentin.

IX. — CELLINI POÈTE.

Ainsi que nombre de grands artistes italiens, Buonarotti entre autres, Cellini écrivit des sonnets, des madrigaux, des éloges, des vers d'amour. Sa vie passionnelle à Rome, à Paris, à Florence, fut aussi désordonnée que peu constante, et il adressa souvent à des beautés faciles des poésies trop pleines de recherches et de concetti pour ne pas être fatigantes à la longue. Néanmoins, le poème qu'il composa en l'honneur des femmes est plein de délicatesse et de charme. Il n'est pas d'ailleurs un poète de haute envolée. Il n'avait, pour atteindre aux sommets poétiques, ni la philosophie synthétique ni la profonde délicatesse d'âme capables de le mettre en communauté avec l'humanité tout entière. S'il eût déployé autant d'ardeur à parfaire ou à polir les rimes qu'à fondre le bronze ou à ciseler l'argent, nous pourrions parfaitement, au lieu de la *Diane* de Fontainebleau ou du *Persée* de Florence, avoir quelque beau poème dans le genre des vers de l'Arioste ou du Tasse.

Les poèmes de Benvenuto témoignent plutôt d'un dilettante remarquablement bien doué. Entre un coup de poignard ou un coup de ciseau, une ribauderie ou une œuvre d'art, il se distrait à mettre en vers ses impressions personnelles, sans attacher à des essais de ce genre une importance exagérée. Cellini, et c'est là sa force, en poésie comme en prose, n'écrit jamais pour écrire, mais toujours pour dire quelque chose se rapportant à lui-même, intéressant les objets auxquels il tient le plus : sa personne ou son art. Ses vers, de là

leur difficulté à être compris, sont toujours remplis
d'allusions personnelles, d'âcres invectives, d'ironie
contre ses ennemis, de louanges pour ses amis ou
ses admirateurs, de lamentations à l'endroit des
épreuves qui fondent sur sa personne. Tantôt il
compose un plaidoyer pour se défendre contre des
attaques envieuses, tantôt il exalte sa propre
œuvre :

> *Feci Perseo, o Dio come ogn' uom vede,*
> *E piacque a chi io lo feci e a tutto, il mondo.*

Tantôt il s'écrie en invoquant Dieu :

> O Dieu! ayez pitié de notre misère...
> *O Dio! o Dio immortale!*
> *Apri l'orecchie al pianto mio ch'i passo...*
> *Di sangue, carne et d'ossa*
> *Fragil composti siamo, e con tua voglia :*
> *Deh! abbi ormai pieta di nostra doglia...*

Et quand il s'adresse aux princes ses protecteurs,
il n'a pas assez d'éloges ni d'actions de grâce à
leur rendre.

En somme, les poésies de Cellini sont comme
une *Vita* rythmée; c'est une sorte d'autobiographie
fragmentaire en vers, principalement en sonnets
qu'il ne craint pas de qualifier de champêtres:

> Personne ne vieillit sans quelque égarement
> Et tout homme avec diverses fantaisies:
> Pour moi je chante en vers champêtres...
> *Nessuno invecchia senza qualche errore*
> *Et ogni uom con diverse fantasie ;*
> *Io pecco in boschereccie poesie...*

Nous trouvons dans les sonnets un écho de la fameuse et inutile dispute sur la précellence de la sculpture ou de la peinture. On se souvient que dans son *Traité de la Sculpture,* Cellini avait fait un éloge enthousiaste de son art seul digne, selon lui,

> *Di tener sopra ogni arte il primo impero,*

d'occuper la première place entre tous, parce que seule, la sculpture reproduit la :

> *Gloriosa mirabile natura*
> *Che di rilievo ci ha tutti creati.*
> Glorieuse et admirable nature
> Créatrice des reliefs.

Personne, d'ailleurs, de plus individuel et de plus caractéristique que ce poète. Sa physionomie particulière le ferait reconnaître entre mille de ses contemporains. Il est partout et toujours présent dans ses poésies les plus diverses, soit qu'il les écrive dans les fers comme le *Capitolo* en l'honneur de la prison, pendant sa captivité au château

Saint-Ange, soit qu'il les compose une fois libre. Qu'il traite les questions spirituelles ou les sujets profanes, il est perpétuellement en scène, lui ou son œuvre. Il s'écriera par exemple :

> Peut-on voir au monde un être plus beau
> Que mon Persée ?
> *Puossi in terra veder garzon piu bello*
> *Del mio Perseo ?*

Ou encore :

> Je suis Benvenuto qui maintes preuves
> D'art ait donné ; et les mauvaises étoiles
> De tout leur pouvoir m'ont réduit à néant.

> A Rome et en France le triomphant Jupiter,
> Persée à Florence, et d'autres belles œuvres
> Me méritent la prison : maintenant je suis las et
> [abattu.

> *Son Benvenuto il qual diverse prove*
> *d'arte sublime ho fatto, e l'aspre stelle*
> *con tutto il lor poter mi han misso al basso.*

> *In Roma, e in Francia il trunfante Giove,*
> *Perseo a Firenze, e altre cose belle*
> *mi paga un carcer : or son stanco e lasso.*

Chose surprenante : Benvenuto est plein de sincérité quand il s'exprime de la sorte, parce que, absolument dénué de sens moral, il trouve suprêmement injuste qu'on le punisse pour quelques peccadilles, lui seul digne d'égaler les Buonarotti ou les Donatello!

A la fin de sa vie, il prie Dieu en ces termes :

En toi seul je vis ; de mes soixante-dix ans
Hélas ! détourne le mauvais destin qui m'outrage
[encore
Pour que j'atteigne enfin tes célestes régions.

In te sol vivo ; sopra i settanta anni
Deh! ferma il rio destin, che ancor mi strazia.
Accio ch'io venga à tuoi celesti scanni.

Une place en paradis lui paraissait due en toute justice à ses propres mérites, puisqu'au milieu de ses pires violences, il ne manqua jamais d'adorer Dieu et de lui consacrer les œuvres de son génie.

Parfois, cependant, sa franchise l'emporte. Eh bien ! oui, il y consent, il n'est qu'un ribaud ; mais d'autres le dépassent encore à cet égard, témoin Bandinelli : « Certes, dit-il à son ennemi, « certes *Buaccio*, méchant, si j'ai tué quelques « victimes, du moins dorment-elles paisiblement « sous le sol. Vous, ce sont des marbres que « vous avez brisés et gâtés. O honte éternelle! « ils restent sur terre exposés aux regards de « tous. »

De' vivi ho percosso io ; voi molti sassi
fracassati e distrutti : qual si vede
biasimo a voi : é mia cuopre la terra.

Mais il n'a pas d'expressions trop humbles ou trop respectueuses quand il parle à Michel-Ange :

> Une seule branche de ta couronne
> Michel-Ange divin, seul immortel,
> Suffit à m'enrichir.....
> *Solo una fronda della tua corona,*
> *Angel Michel divin, solo immortale*
> *Ricco mi mostra...*
> Ton grand buccin fait résonner le mien
> Dans les bronzes, les marbres...
>
> *La tua gran tomba fa che la mia suona*
> *In bronzi, marmi...*

Pour ses admirateurs, il n'est pas de compliments qu'il n'invente. Pour eux, il se fait doux et tendre. L'historien Varchi, lequel corrigea parfois ses fautes de style, ses expressions défectueuses, sa phraséologie embarrassée ou ses erreurs terminologiques, est ainsi loué :

> O Benedetto Varchi créé par Dieu
> Plein de vertu, de grâce et de courage...
>
> *Benetto da Dio Varchi creato*
> *pien di virtu, di grazia e di valore*

Et de Paolo del Rosso, poète et écrivain ordinaire, mais qui avait le grand mérite d'avoir exalté le *Crucifix*, il parle comme il pourrait parler d'un Dante ou d'un Pétrarque.

Jamais l'Égypte et la Numidie
N'eurent un tel trésor; vos nobles vers
Les surpassent de beaucoup; ils sont un adoucissement à
[mes grands maux.
Je méprise toutes les cruelles embûches
Que put me tendre la fortune :
Vous seul me ravissez au ciel avec vos ailes.

Non ebber mai l'Egitto e la Numidia
Tanto tresor, che più vostr'alli carmi
Son viepiú degni e quiete a' mia gran mali.

Ogni dispregio ogni crudel insidia
Che la fortuna mai potette farmi
Sol voi m'alzate al ciel colle vostre ali.

Telles sont les poésies de Cellini.

D'après ces quelques citations, on comprend pourquoi leur auteur n'en concevait pas un orgueil exagéré. Mais puisqu'elles forment en quelque sorte le commentaire versifié de la *Vita*, elles doivent, à ce titre, retenir l'attention et n'être point passées sous silence.

X. — MORT DE CELLINI.

Nous avons dit dans quel délaissement profond était tombé Cellini. Sa fin de vie fut attristée par la mort de Michel-Ange pour lequel il avait le culte que l'on sait. La maladie l'empêcha d'assister aux funérailles qui eurent lieu le 14 juillet 1564. Mais ce qui lui fut on ne peut plus sensible, ce fut l'impossibilité où il se trouva de participer à la pompe des obsèques et d'honorer son maître — le seul dont il reconnut la souveraineté — en inventant, comme ses confrères, Bronzino, Ammanati, Vasari et d'autres, quelques compositions d'art. L'Académie florentine se signala pour accueillir dignement la dépouille mortelle du génial artiste. Un magnifique catafalque fut dressé au milieu de l'église San Lorenzo. Les murailles furent décorées de grisailles ou de sculptures en stuc. Tous les artistes présents à Florence tinrent à honneur de figurer dans ce travail décoratif dont Cosme se montrait justement fier. Et quand, après le service de Buonarotti, Benedetto Varchi prononça l'oraison funèbre de l'illustre défunt, il n'y eut personne parmi les princes, les grands dignitaires et les artistes présents à la cérémonie, qui ne se sentît fier d'assister ou de prendre part à ce grand deuil de l'art. Seul Cellini manquait. Et il est regrettable qu'ayant cessé d'écrire ses *Mémoires* en 1562 [1], il n'ait pu nous renseigner sur quelques

1. Il les commença à l'âge de cinquante-huit ans et les poursuivit jusqu'à sa soixante-troisième année.

détails de ces obsèques dont Vasari parlait avec enthousiasme à la fin de son étude sur Michel-Ange.

Benvenuto eut encore le chagrin, toujours retenu qu'il était par la maladie, de ne pouvoir prendre part non plus aux préparatifs faits pour recevoir à Florence, en 1565, la princesse Jeanne d'Autriche dont Cosme venait d'obtenir la main pour François, son fils aîné et futur successeur. A cette occasion on décora splendidement la ville. Le duc de Médicis mit à contribution tous les architectes, les peintres et les sculpteurs pour l'érection et l'ornementation d'arcs de triomphe qu'on flanqua de statues allégoriques, de colonnes corinthiennes, de chapiteaux dorés, comme jadis, à Rome, lors de l'entrée triomphale de Charles-Quint, ou à Bologne, au moment du couronnement de l'Empereur par Clément VII. Cellini fut fort attristé d'être, de par la force même des choses, tenu en dehors d'une pareille solennité, et il y fait allusion avec amertume dans la dédicace de ses *Traités* au cardinal Fernand de Médicis [1].

1. Cosme avait quatre fils : François qui lui succéda, Jean, Fernand et Garzia. Jean et Garzia ayant été chasser avec leur père dans la maremme de Sienne, à une époque

Au commencement de décembre 1570, Benve- 1570
nuto, se sentant sérieusement malade, fit un testament dans lequel il partageait sa fortune avec
sa femme et ses trois enfants, légitimes ceux-ci.
Cellini, en effet, avait presque toujours vécu dans
le désordre. A Rome, il connut une courtisane
nommée Angélique à laquelle il s'attacha au
point d'aller la chercher jusqu'à Naples. A Paris,
il eut pour maîtresse une jeune femme du nom
de Catherine qui lui servit de modèle pour sa
Diane. Après elle il connut une adolescente du
nom de Jeanne dont il eut une fille Costanza
qu'il dota.

A Florence, sa vie ne fut, tout d'abord, guère
plus morale. Il s'y lia en premier lieu avec une
certaine Dorothée qu'il fit poser pour sa *Méduse*.
Il vécut quatre ans avec elle, la dota et finalement
la maria à un employé aux octrois du nom d'Antonio de Parigi ou Sputasenni. Il en avait eu un
fils naturel qui mourut à Fiesole. En 1553, un
autre fils lui naquit qu'il légitima, mais qui vécut peu d'années.

Vers 1559, il adopta un fils de son ancienne
maîtresse Dorothée. Il essaya de lui faire donner

pestilentielle de l'année, tombèrent victimes de la fièvre du
pays. Cellini mentionne ces deux morts aux dernières pages
de la *Vita*, en décembre 1562.

une éducation intelligente et sérieuse; mais l'enfant, mal conseillé par ses parents, se montra si récalcitrant que le père adoptif lui interdit l'entrée de sa maison et lui fournit une pension alimentaire. Néanmoins, grâce à l'influence de François de Médicis, les effets de l'adoption furent annulés en justice au moment où Benvenuto, l'année 1563, épousa en justes noces une femme appelée Piera. Cette Piera, qui était sa servante, lui avait donné un fils naturel, venu au monde le 20 novembre 1561, et qui mourut à trois ans. En 1562, une fille du nom d'Élisabeth lui était née, qui mourut aussi en bas âge. Enfin, soit pour reconnaître les soins dont ne cessait de l'entourer la Piera, soit pour se mettre en règle avec sa conscience (il le dit lui-même dans un *Ricordo* ou pétition du 15 février 1562), il l'épousa l'année suivante. Piera lui donna encore trois enfants : Reparata, née en 1563, Maddalena en 1566 et Andrea-Simone en 1568.

Ce fut donc en faveur de sa femme et de ses trois enfants qu'il testa. Il leur partageait sa fortune. Il indiquait aussi dans son testament son désir d'être inhumé dans l'église de l'Annunziata. Il léguait le modèle en cire de la statue du *Neptune* destinée à la fontaine dont j'ai parlé plus haut, au duc François de Médicis. C'est à ce seigneur qu'il écrivait peu de temps avant sa mort : « N'eussé-je été empêché par une maladie des plus graves, j'aurais coulé en bronze, pour vous, ma statue de Junon qui est presque terminée. Le mal qui m'a réduit en une si triste situation a déjoué les efforts de mon médecin et de bien d'autres hommes habiles ; cependant, malgré mes soixante et dix ans, je lutte encore contre la mort. »

Il ne devait pas lutter longtemps. En effet, un mois et demi plus tard, le 14 février 1571, la mort l'emporta dans la maison qu'il occupait depuis son retour à Florence. Elle porte aujourd'hui le n° 59 de la via Pergola.

D'ailleurs, le vieux sculpteur restait presque le seul de ceux qu'il avait aimés. Son ami Giovan-Battista Tassi ou Tasso, le sculpteur sur bois toujours si plein de gaieté et qu'il connaissait depuis son enfance, était mort. Mort aussi le médecin Guido Guidi mentionné maintes fois dans la *Vita* ; mort cet Annibal Caro, le savant poète et littérateur, l'un des plus beaux génies du xvie siècle, célèbre par ses traductions, ses vers et ses lettres ; il s'était toujours montré très bon pour Cellini et souvent interposé entre Pierre-Louis Farnèse, le fils naturel de Paul III, dont il était le secrétaire et Benvenuto qui, on ne l'a

pas oublié, eut maille à partir avec le duc de Parme,
vers 1537, à Rome, après la mort de l'orfèvre
Pompeo. Cellini garda une fidèle reconnaissance à
Caro et resta en étroite relation d'amitié avec
lui.

Ajoutons enfin à cette nomenclature funèbre
Benedetto Varchi, l'historien florentin, le correc-
teur des fautes de style du génial illettré, et qui,
lui aussi, s'était attaché à Cellini, passant sur
ses défauts et ses violences. On sait comment
Benvenuto le remercia de son indulgence et
de ses services en lui composant des vers enthou-
siastes.

Quand le vieux sculpteur, isolé du monde par
la mort de ses rares amis, oublié des Médicis,
terrassé en outre par de violentes attaques de
goutte et guetté par la pleurésie, finit par suc-
comber, il est permis de dire qu'il laissa la vie
sans regret.

Dix jours après sa mort, eurent lieu les obsèques.
Il fut enseveli dans le sépulcre de l'Académie du
dessin, au couvent des Servi dell'Annunziata. Et
voici en quels termes est relatée la cérémonie au
Archives de l'Académie des Beaux-Arts : « Messer
« Benvenuto Cellini fut enseveli, d'après son désir,
« et en grande pompe dans notre maison capitulaire
« de l'Annunziata, en présence du corps académique

« et de la Compagnie. Après nous être transportés
« à sa demeure, nous prîmes les places qui nous
« étaient assignées, et, précédés par les moines, nous
« suivîmes le cercueil qui fut porté à l'église par
« quatre académiciens et par les suivants habituels.
« Les cérémonies terminées, un moine choisi à cet
« effet prononça l'éloge de la vie et des œuvres du
« défunt ; son discours fut très admiré de la foule
« accourue pour contempler les restes mortels du
« messer Benvenuto et pour entendre son oraison
« funèbre. L'église et la maison capitulaire furent
« splendidement éclairées pendant toute la durée
« de la cérémonie. »

JUGEMENT SUR L'ŒUVRE ET SUR L'HOMME.

Rien n'est difficile comme de juger Benvenuto
Cellini. Il est et restera toujours une vivante
énigme. En lui tout est contraste ; le bien côtoie le
mal et le mal livre des assauts répétés à la vertu.
Son indépendance ne l'empêche point de rechercher
les cours. Pourtant il exècre ceux qu'il y rencontre.
Son orgueil a besoin de la faveur des grands, et
néanmoins il n'épargne rien pour les blesser par ses
cruels emportements, ses mécontentements per-
pétuels. Il n'est jamais disposé aux œuvres qu'on
lui demande. Un jour, impatienté par ses contra-

dictions et ses refus de travail, le grand-duc Cosme s'écrie : « Si Cellini est disposé à se livrer aux œuvres que je lui propose, je lui donnerai des commandes et beaucoup. Mais s'il veut n'agir qu'à sa guise, il m'est impossible de l'employer. » Et François Ier, de son côté, lui reproche durement de n'en vouloir faire qu'à sa tête et de négliger ses commandes pour se livrer à d'autres ouvrages. L'humeur de Cellini fut donc plus qu'indépendante ; elle fut insubordonnée.

Et pourtant il n'avait ni la dignité de vie, ni la hauteur de sentiments, ni la grandeur de caractère d'un Michel-Ange qui, lui, portait l'amour de la liberté à un si haut point qu'il ne craignit pas, on s'en souvient, l'année 1529, de se prononcer contre les Médicis et de défendre, au péril de sa vie, Florence assiégée, en se mettant du côté de la patrie menacée par Alexandre. J'ajoute qu'en entrant au service de princes, comme le fit Benvenuto, c'était en quelque sorte s'engager à substituer à ses idées personnelles les désirs des souverains qu'il acceptait pour maîtres. Or, c'est précisément le contraire qui arrive. Même quand il sert avec le plus d'affection et de fierté un roi comme François Ier, il est constamment en rébellion contre lui. Et la même réflexion s'impose dans ses relations avec la Papauté et Cosme de

Médicis. Plein d'arrogance, il ne se marchande jamais les éloges, mais il ne pardonne pas à ses confrères les fautes dont lui-même se rend coupable.

Il est vindicatif à l'excès envers ceux qui l'offensent ; mais nous savons qu'il n'a pas d'assez douces paroles pour ses amis. Le sonnet adressé à Paolo del Rosso dont je donnais plus haut quelques vers est typique à cet égard. Il invoque Dieu et la Vierge avec componction pour l'obtention d'un succès ou le pardon de ce qu'il regarde comme de simples peccadilles. Mais quand il s'agit de confondre ses ennemis, il n'hésite pas non plus à s'adresser au même Dieu et à la même Vierge, pour qu'ils se fassent les instruments justement indignés des mauvais desseins d'autrui contre un homme tel que lui.

Gœthe le juge avec un grand sens quand il écrit « Un rien blesse au vif Cellini ; le plus « léger sujet excite en son âme une rage violente « (ce qu'il appelle : « cette résolution et cette petite « dose de fureur qui ne me quittent guère : *al mio* « *solito, arditamente, con qualche poco di furore* « *andavo faccendo*). Il quitte alors une ville, un « pays l'un après l'autre. La moindre atteinte por- « tée à sa propriété ou à sa dignité personnelle est « suivie d'une vengeance sanglante. »

Et Gœthe ajoute : « Cette manière de sentir
« et d'agir était répandue dans une proportion
« effroyable à une époque où les liens sociaux
« à peine formés, s'étaient relâchés sous l'empire
« des circonstances et des luttes politiques ; dans
« bien des occasions tout homme ne devait son
« salut qu'à la valeur de son bras. C'est ainsi que
« l'individu était sans cesse avec l'individu, le
« citoyen et l'étranger en rebellion contre la loi
« et ses ministres. » On ne saurait mieux dire.

N'accablons, néanmoins, pas trop Benvenuto
sous nos anathèmes. Nombre de ses contemporains ont, sans doute, commis autant de
méfaits que lui : seulement nous ne le savons
pas, faute de confessions écrites dans le genre de
la *Vita*. Le goût des Belles-Lettres et des Arts,
la culture intellectuelle si répandue, le luxe et la
politesse des manières florissant dans la Péninsule
n'entravaient en rien les cruautés et les barbaries,
et n'empêchaient point les actes les plus répréhensibles de se produire journellement. Cosme Ier
tout grand-duc qu'il était, Cosme Ier, dans cette
Florence splendide et civilisée, ne poignarda-t-il
point de sa propre main, le 22 mai 1566, son
camérier Sforza Almeni, natif de Pérouse et che-
valier de Saint-Etienne, coupable d'avoir révélé
au prince régent, François, la liaison de son père
avec Éléonora degli Albizzi ?

Tout jeune, Cellini se lance donc dans la mêlée.
Il veut s'y faire sa place, et pour y arriver, il joue
parfois du poignard, de la dague ou de l'arquebuse, comme d'autres joueraient des coudes.
Malheur à qui l'attaque, car il a bec et ongles,
griffes et dents pour se défendre. Aussi voit-on,
pour la plupart, ses rivaux trembler devant lui.
A Fontainebleau, le Primatice, après l'injonction
de Cellini de n'avoir jamais à s'occuper de ses
affaires, ne trouve à lui répondre que ces mots :
« Tant que j'agirai comme un homme de bien,
« je n'aurai peur de rien au monde. — Si vous
« agissez autrement, riposte Benvenuto, ayez
« peur, croyez-moi! » Et là-dessus, le Bologna
se tient coi.

A Florence, il réduit au silence Baccio Bandinelli qui voulait prouver que sa statue d'*Hercule
et Cacus* était sans défaut. « Quand notre Michel-
« Ange Buonaretti, s'écrie Benvenuto, découvrit
« la *Nouvelle Sacristie* (dans la célèbre chapelle
« des Médicis, église San Lorenzo) où l'on voit
« tant de belles statues, notre vaillante et admi-
« rable École lui adressa plus d'une centaine de
« sonnets qui chantaient ses louanges à qui mieux
« mieux. Et de même que ton groupe, Bandi-
« nelli, méritait les critiques dont on l'accablait,
« de même les statues de Michel-Ange étaient
« dignes des éloges qu'on leur prodiguait. »

Et que dire encore des disputes perpétuelles
qu'il soutint à Rome avec ses confrères les
orfèvres Tobia et Pompeo, disputes qui, on s'en
souvient, se terminèrent par le meurtre de
Pompeo ? On le voit donc : Cellini est surtout un
violent, un impulsif, un instinctif. Quand la
haine l'aveugle, il est comme fou et se livre aux
actes les plus répréhensibles, quitte à les regretter
après, mais, hélas ! presque toujours trop tard !
Et pourtant, malgré ses emportements, il est
accessible aussi à de bons sentiments. Il a contre
l'injustice de superbes révoltes, des colères d'une
belle sincérité. Il comprend parfois qu'il est en
dehors des voies de l'équité, et il le dit avec une
franchise, méritoire après tout, eu égard à son
arrogance et à la bonne opinion qu'il a de lui-
même.

Et puis, remarquons-le, il est accessible à des
penchants vertueux. Parmi les actes qui l'ho-
norent, n'oublions pas sa conduite à l'égard de sa
sœur Liberata Tassi. Restée veuve, il la recueillit
chez lui, à Florence, avec ses six nièces. Et comme
la mère et les filles étaient dans le besoin, il leur
servit une pension mensuelle et les traita avec tant
de bonté que le *pane d'altrui* perdit pour elles
toute amertume. Loin de repousser les lourdes
charges que lui imposa la mort de son beau-frère

dont il avait apprécié les qualités, quand il fut gravement malade, vers 1535, à Rome, il ne craignit pas d'endosser les nouvelles responsabilités de toute une famille à élever, alors qu'il devait déjà subvenir aux dépenses de l'éducation de ses enfants naturels, légitimes ou adoptifs.

Oui, cet homme fut généreux. A Paris, il était heureux d'accueillir dans son château du Petit-Nesle tous les compatriotes qui venaient s'y présenter. Cosme lui-même, dans une lettre à Catherine de Médicis, vantait la tendresse dont Benvenuto entourait sa sœur Liberata.

Il m'est agréable de terminer cette étude en parlant de l'humanité de Cellini. Il fut imaginatif et prompt, bouillant, irritable et emporté; mais malgré tout, dans un petit coin de son cœur, poussa, telle une rose rare, cette fleur du sentiment dont l'arôme ne s'évapore point et qui laisse flotter sur sa mémoire comme un parfum délicat et attendri :

« Les sentiments du cœur me paraissent seuls dignes de considération; c'est en leur faveur que l'on pardonne tout. » Si nous faisons à Benvenuto Cellini l'application de cette phrase, pourrions-nous, de bonne foi, n'être point de l'avis de son auteur : Mme de Sévigné ?

Au surplus, ni les erreurs, ni les défaillances

morales de Benvenuto Cellini ne doivent nous faire oublier sa noble maîtrise ès-arts. En effet, les blâmes les plus mérités sur sa conduite, les mercuriales les plus judicieuses sur ses violences, les jugements les plus fondés à l'endroit de son caractère, ne sauraient détourner l'admiration universelle du *Persée*, de la *Salière* de François Ier, et de la *Vita* : trois œuvres qui suffiraient à illustrer trois artistes. Et c'est ici le cas ou jamais de répéter avec Léonard de Vinci la divine parole : *Cosa mortal passa, e non d'arte* :

> Tout passe : l'art robuste
> Seul a l'éternité !

www.ingramcontent.com/pod-product-compliance
Ingram Content Group UK Ltd.
Pitfield, Milton Keynes, MK11 3LW, UK
UKHW021730090726
13657UKWH00002B/623